W0048605

ADRIAN PLASS

Gesprengte Fesseln

Gottes Fluchtplan
für ängstliche Leute

ADRIAN PLASS

Gesprengte Fesseln

Gottes Fluchtplan für
ängstliche Leute

Andachten

Aus dem Englischen von
Christian Rendel

Bibliografische Information der Deutschen Nationalbibliothek
Die Deutsche Nationalbibliothek verzeichnet diese Publikation in der Deutschen
Nationalbibliografie; detaillierte bibliografische Datensind im Internet über
http://dnb.d-nb.de abrufbar.

ISBN 978-3-86506-628-2
© der deutschsprachigen Ausgabe 2014 by Joh. Brendow & Sohn Verlag GmbH, Moers
Original: THE UNLOCKING
Published by The Bible Reading Fellowship, Oxford
First edition 1994. All rights reserved
Text copyright © 1994 Adrian Plass
Der Abdruck der Bibelzitate nach der Einheitsübersetzung von 1980
erfolgt mit Genehmigung der Katholischen Bibelanstalt GmbH, Stuttgart
Der Abdruck des Bibelzitats aus Richter 7,1-8 erfolgt mit
Genehmigung des Verlags R. Brockhaus, Wuppertal-Elberfeld
Einbandgestaltung: Brendow Verlag, Moers
Satz: Brendow Web & Print, Moers
Druck und Verarbeitung: CPI – Clausen & Bosse, Leck
Printed in Germany

www.brendow-verlag.de

INHALT

Dieses Buch ist meinem Freund Daidie Wincott,
der viel Furcht erlitten und viel Mut bewiesen hat,
liebevoll zugeeignet.

EIN WORT ZUVOR

Ich habe mich noch einmal mit meinen Ängsten beschäftigt. Viele sind dieselben, die ich bereits 1994 beschrieben habe, aber sie haben sich verändert, sind gewachsen oder kleiner geworden. Beispielsweise leide ich immer noch unter dem Gefühl, nicht zu genügen, aber das spielt keine so große Rolle mehr. Immerhin hat jeder unter irgendetwas zu leiden. Ich weiß schon gar nicht mehr, wen ich eigentlich mit der Offenbarung, unter Minderwertigkeitsstörungen zu leiden, beeindrucken wollte. Der Wunsch, zu lieben und wiedergeliebt zu werden, scheint Probleme wie diese in die Ecke gedrängt zu haben. Wenn ich durch den Bühnenausgang in den Schatten trete, sehe ich sie undeutlich aufragen, aber sie sind dort gelagert, sie lauern nicht auf mich.

Habe ich immer noch Angst vor dem Tod? Ein Teil dieses Buchs beschreibt, wie Bridget und ich dem Evangelisten David Watson begegneten, kurz bevor er an Krebs verstarb. Davids innere Haltung veränderte sich. Zuerst wollte er lieber auf dieser Erde bleiben, war aber bereit zu gehen, wenn es denn sein müsste. Im Laufe der Zeit hatte sich das umgekehrt. Nun war er bereit, seinem Schöpfer gegenüberzutreten, aber auch willens, hierzubleiben, wenn das denn sein müsste. Würde ich diesen seltsamen Perspektivenwechsel auch vollziehen können, wenn meine Zeit gekommen wäre? Meine Befürchtung war damals, dass ich das nicht könnte. Und jetzt?

Lassen Sie mich über Klaustrophobie reden, die Angst vor engen Räumen, ein Problem, das ich in diesem Buch ursprünglich nicht erwähnt hatte. Als ich jung war, gab es das Problem noch nicht. Wie viele Teenager passen in einen Mini? Eine Antwort ist unmöglich. Es hat mir nie etwas ausgemacht, mich mit einer Menge verrenkter Körper und unserem Party-Proviant an Bier und Wein in eines dieser kleinen Autos zu zwängen. Heute bricht mir der Schweiß aus, wenn ich nur daran denke, in den Fond eines zweitürigen Wagens zu klettern. Ich habe regelmäßig Albträume über Autounfälle, bei denen ich eingeklemmt werde. Alleine dies hier zu schreiben jagt mir Schauer über den Rücken.

Dasselbe Gefühl habe ich, wenn ich über Leben und Tod nachdenke. Wenn ich wüsste, dass der Tod der allerletzte Unfall wäre, aus dem ich nie herauskäme, dann weiß ich nicht, wie ich den Rest meines Lebens überstehen sollte. Ich bin mir der logischen Fehlschlüsse in diesem Satz durchaus bewusst. Sage ich tatsächlich, dass ich Angst vor dem Vergessen habe? Ja, ja, eine Million mal ja! Würde ich die Hölle dem Vergessen vorziehen? Nun, möglicherweise nicht, aber es scheint mir doch fast so.

Liebe, Beziehungen, Schönheit, ein ordentlich zubereitetes Steak, diese heiligen Dinge können doch sicher nicht sterben. Ich versuche, in dieser Sache mein Vertrauen auf Jesus zu setzen. Ich möchte an einem Ort aufwachen, wo alles seinen Sinn hat und die Stimme Gottes so klar zu hören ist wie ein vertrauter Glockenton.

Mein Problem ist eines, mit dem sich Jesus selbst in Gethsemane abgemüht hat. Es ist uns nicht erlaubt, die Welt auf der anderen Seite der Schleuse, die wir Tod nennen, zu sehen, bis wir den Schritt tatsächlich gehen und uns in dieses Unternehmen mit unbekanntem Ausgang begeben. Wenn wir diese seltsam neutrale Passage betreten, kann es sein, dass wir uns selber ausrufen hören, dass Gott uns verlassen hat, aber eine wunderbare historische Tatsache tröstet mich.

Nachdem er die andere Seite erreicht hatte, war Jesus in der Lage, seinen Freunden ein Frühstück zuzubereiten. Ist das nicht sehr tröstlich? Ich freue mich darauf, Teil einer ähnlichen Situation zu sein. Gott hat mir in seiner großen Gnade ein Fünkchen Glauben dafür gegeben, dass dies tatsächlich eintreffen könnte. In der Zwischenzeit bekomme ich immer wieder fürchterliche Angst. Das wird womöglich so lange so gehen, bis ich ihn sagen höre: „Ich kümmere mich um den Fisch, schneide du doch schon mal das Brot."

Ich hoffe, dass Sie aus dieser neuen Ausgabe von „Gesprengte Fesseln" Nutzen ziehen können. Ich bete darum, dass Ihre Ängste kleiner werden und verschwinden. Ich bete darum, dass wir uns eines Tages an einem himmlischen Lagerfeuer treffen, richtig was zu lachen haben und das beste Frühstück essen, das wir je genießen durften. Oh, und machen Sie sich keine Sorgen, falls Sie keinen Fisch mögen. Es wird auch für Sie etwas Leckeres geben.

Adrian Plass

WO WIR BEGINNEN

Fastnachtsdienstag
Die Wüste und der Teufel

Dann wurde Jesus vom Geist in die Wüste geführt; dort sollte er vom Teufel in Versuchung geführt werden. Als er vierzig Tage und vierzig Nächte gefastet hatte, bekam er Hunger. Da trat der Versucher an ihn heran und sagte: Wenn du Gottes Sohn bist, so befiehl, dass aus diesen Steinen Brot wird.

Er aber antwortete: In der Schrift heißt es: Der Mensch lebt nicht vom Brot allein, sondern von jedem Wort, das aus Gottes Mund kommt.

Darauf nahm ihn der Teufel mit sich in die Heilige Stadt, stellte ihn oben auf den Tempel und sagte zu ihm: Wenn du Gottes Sohn bist, so stürz dich hinab; denn es heißt in der Schrift:

Seinen Engeln befiehlt er,
dich auf ihren Händen zu tragen,
damit dein Fuß nicht an einen Stein stößt.

Jesus antwortete ihm: In der Schrift heißt es auch: Du sollst den Herrn, deinen Gott, nicht auf die Probe stellen.

Wieder nahm ihn der Teufel mit sich und führte ihn auf einen sehr hohen Berg; er zeigte ihm alle Reiche der Welt mit ihrer Pracht und sagte zu ihm: Das alles will ich dir geben, wenn du dich vor mir niederwirfst und mich anbetest.

Jesus sagte zu ihm: Weg mit dir, Satan! Denn in der Schrift steht: Vor dem Herrn, deinem Gott, sollst du dich niederwerfen und ihm allein dienen.

Darauf ließ der Teufel von ihm ab, und es kamen Engel und dienten ihm.

Matthäus 4,1-11

Für die unter uns, die wir unsere Erlösung für kostbar erachten (und es sind ein paar unter uns, die immer noch den Jurassic Park des Christentums durchstreifen), lohnt es sich, uns heute, wenn wir die Pfannkuchenmischung von der Decke kratzen und uns ärgern, weil wir vergessen haben, Zitronen zu kaufen, daran zu erinnern, dass es eine Spanne von vierzig Tagen gab, in denen der ganze Erlösungsplan vollkommen hätte scheitern können. Jesus war wahrer Mensch und muss deshalb auch in der Lage gewesen sein, der Versuchung nachzugeben. Wäre das nicht der Fall, so wären sein ganzer Dienst im Allgemeinen und diese vierzig Tage im Besonderen unsinnig.

Die Berichte in den Evangelien über dieses entscheidende Ereignis sind recht kurz und versuchen gar nicht erst, die körperlichen, geistigen und geistlichen Qualen zu schildern, die Jesus erduldet haben muss, als er mit den Versuchungen rang, die unglaubliche Macht, die ihn nun durchflutete, selbstsüchtig zu gebrauchen. Die Vorstellung von einem hochgewachsenen, edlen, kläräugigen, blonden Helden, dem ein gezähmter Cherub wie ein dicker Papagei auf der Schulter sitzt und der Satan mit einer leichten Handbewegung davonschickt, können wir getrost vergessen. Nach fast sechs Wochen Fasten in der Hitze der Wüste, in denen er immer wieder die tödlichen Implikationen der totalen Hingabe an seinen Vater überdachte, muss Jesus, abgemagert und erschöpft, gefährlich nahe daran gewesen sein, sich den

Weg der Welt und des Teufels zu eigen zu machen. Materieller Besitz, persönliche Sicherheit und unumschränkte Macht wurden ihm vorgestellt wie eine dreisprossige Leiter zum irdischen Glück. In seinem geschwächten Zustand muss ihm diese Option sehr attraktiv erschienen sein, verglichen mit drei Jahren Zölibat, Konflikten und Ablehnung, gefolgt von einer der schmerzhaftesten Formen der Hinrichtung, die der Mensch je erdacht hat. Jesus gab der Versuchung nicht nach. Er schleuderte dem Teufel biblische Wahrheiten entgegen wie David dem Goliath Steine. Und dieser Vergleich ist nicht unpassend. Jesus musste diese Schlacht als ein wirklicher Mensch mit Unterstützung Gottes gewinnen, obwohl er ja auch Gott war, damit es ihm möglich sein konnte, zu gewöhnlichen Männern und Frauen zu sagen: „Seid vollkommen, wie ich vollkommen bin." Das ist ein undurchdringliches Geheimnis, doch wie so viele Geheimnisse findet es ganz leicht eine Heimat im geheimen Herzen unseres Verstehens.

In vielen Christen steckt eine tiefe Angst, sie könnten in ihrer eigenen Wüstenerfahrung versagen. Irgendwann ist jeder von uns einmal gefordert, in die Wüste zu gehen und sich der Frage zu stellen, wo seine Hingabe letztendlich liegt. Es ist ein schrecklich finsteres Gefühl, die Welt und alles, was sie vielleicht zu bieten hat, dahinzugeben, aber das ist der Beginn jedes Dienstes. Jesus war gewappnet mit der Kenntnis der Schrift, und das sollten wir auch sein (solange wir uns keine Rosinen darauf einbilden). Zudem ging er *freiwillig* in diese Wüste. Gott treibt Leute nicht in die Wildnis, aber wenn wir dorthin geraten sind, dann mag es durchaus sein, dass er uns nahelegt, die Zeit sei gekommen, unsere grundlegendste Wahl zu treffen.

Habe ich diese Wahl getroffen? Nun, ich bin gewiss schon ein- oder zweimal in der Wüste gewesen und habe die Optionen recht deutlich vor mir aufgereiht gesehen. Ich habe versucht, den

Teufel abzuweisen, mit nur teilweisem Erfolg, doch immer noch werden mir großzügigerweise von Gott Gelegenheiten geboten, und Jesus ist gestorben, um die Lücke zwischen dem, was ich bin, und dem, was ich sein sollte, zu überbrücken; also bleibe ich optimistisch.

Worauf ich mich wirklich freue, wenn ich endlich tatsächlich dem Satan widerstehe, ist die Stelle, wo die Engel mit einer Flasche Limonade und einem Päckchen Sandwiches erscheinen – oder vielleicht einem Pfannkuchen.

Beten Sie mit mir

Vater, Wüsten sind keine schönen Orte, aber wir brauchen sie, weil die fruchtbaren, üppig grünenden Gegenden uns so sehr ablenken. Ein Teil von uns möchte wirklich dem Teufel widerstehen und sich dir hingeben, aber wir fürchten uns davor. Die Welt beschäftigt uns so sehr. Sie erscheint uns sicher und vertraut und viel attraktiver als ein riskantes Leben mit dir. Danke für Jesus, der all das empfunden hat und sich doch für dich und für uns zum Sieg durchkämpfte. Wenn wir während der nächsten Wochen deinem Sohn durch die Wüste unserer eigenen Ängste folgen, hilf uns, stark in dir zu sein und der Stimme Satans zu widerstehen, der uns glauben machen will, dass sich niemals wirklich etwas zum Besseren verändert. Amen.

Aschermittwoch
Wie wir waren

Ich sage euch: Wer sich vor den Menschen zu mir bekennt, zu dem wird sich auch der Menschensohn vor den Engeln Gottes bekennen. Wer mich aber vor den Menschen verleugnet, der wird auch vor den Engeln Gottes verleugnet werden.

Lukas 12,8-9

Als ich mit sechzehn Jahren Christ wurde, benahm ich mich manchmal ziemlich lächerlich. Einmal nötigte ich buchstäblich in einer christlichen Jugendgruppe ein paar Meilen von meinem Zuhause einen armen, braven Nichtchristen in ein Hinterzimmer und auf die Knie, sodass er mit Hilfe eines von meiner Wenigkeit diktierten Gebetes sein Leben Christus übergeben konnte. Ich sehe jetzt noch seine wild starrenden Augen vor mir, als er von einem großen, mageren (ja, ich sagte mageren) Fanatiker, der kein „Nein" akzeptieren wollte, ins Reich Gottes gescheucht wurde. Falls dieser Bursche durch ein Wunder der Gnade Gottes heute Christ sein und dies lesen sollte – ich entschuldige mich. Ich würde so etwas heute nicht mehr tun.

Die Gäste in den Cafés von Tunbridge Wells müssen ebenfalls die Nase reichlich voll von mir gehabt haben. Gewappnet mit meiner vorschriftsmäßigen Bibel und einem brennenden Enthusiasmus, schwallte ich allen die Ohren voll über die Notwendigkeit, „mit Gott ins Reine" zu kommen. Einfühlungsvermögen war mir ein Fremdwort. Ich erzählte ihnen von Jesus, ob sie es nun hören wollten oder nicht. Natürlich würde ich es jetzt nicht mehr so machen.

Später, als ich achtzehn oder neunzehn war, ging ich auf die

Theaterschule in Bristol, begleitet von derselben Bibel und derselben Einstellung. Ich hielt diese Bibel umklammert wie Linus seine Schmusedecke. Die armen Leute in Bristol. Der lotterige Evangelist war unter ihnen, trieb immer noch in Bars, Cafés und öffentlichen Verkehrsmitteln Leute in die Enge und fragte sie nach dem Zustand ihrer Seelen. Natürlich würde ich heute ganz anders an die Sache herangehen.

Noch später arbeitete ich mit schwer erziehbaren Kindern in einem Internat in Gloucestershire. Mein Eifer hatte sich etwas gelegt, doch ich hätte den Job beinahe nicht bekommen, weil ich auf dem Bewerbungsformular geschrieben hatte, ich sei ein „wiedergeborener Christ".

Eines Tages spielte ich mit einem der Jungen Kricket an einem Übungsnetz am Rande des Spielfeldes. Er schlug den Ball aus dem Netz hinaus in die Büsche. Wir suchten eine Ewigkeit, doch wir fanden ihn nicht. Schließlich sagte ich zu ihm: „Weißt du was? Lass uns dafür beten."

„Häh?", sagte der Junge.

„Ich werde Gott bitten, den Ball für uns zu finden."

„Häh?"

„Vater, wir wissen, dass du dich auch für kleine Dinge interessierst; also, würdest du uns bitte helfen, unseren Ball zu finden?"

Als ich meine Augen öffnete, blickte ich hinab und sah, dass der Ball auf dem Boden zwischen den Füßen des Jungen lag. Ihm fielen beinahe die Augen aus dem Kopf. Ich war hocherfreut, den Ball zu sehen, aber natürlich würde ich mich heute in einer ähnlichen Situation nicht mehr so naiv verhalten.

Letzte Woche versuchte ich, einem Freund zu helfen, den Kofferraum an seinem Auto aufzubekommen. Wir zerrten und fummelten und stemmten und zogen und schoben, aber nichts rührte sich. Als ich hinter dem Wagen kniete und mir einfach nichts mehr einfiel, kam mir der Gedanke, ich könnte Gott bitten, uns zu helfen. Ich bat ihn im Stillen, aber etwas sagte mir, dass nur ein „lautes" Gebet hier etwas bewirken könne. Ich drückte mich. In der Öffentlichkeit bekenne ich mich dauernd zu Jesus, aber auf dem privaten Sektor bin ich etwas aus der Übung.

Ich stellte eine Menge wirklich alberner Dinge an, als ich ein junger Christ war, und ich bin sicher, dass ich vielen Leuten mächtig auf die Nerven gegangen bin, aber ich werde traurig, wenn ich meine Bereitschaft, allen zu erzählen, dass mein Leben Jesus gehört und dass sie ihres auch Jesus geben sollten, mit der Art und Weise vergleiche, wie ich heute mit den Leuten rede.

Ich glaube, ich bin ein wenig ängstlich geworden, in alltäglichen Situationen ganz schlicht mit meinem Glauben umzugehen, und nachdem ich jetzt diese Verse wieder gelesen habe, meine ich, dass ich etwas dagegen tun sollte.

Beten Sie mit mir

Vater, ich komme mir ziemlich albern vor, wenn ich auf diese ersten Jahre zurückblicke, aber damals war so eine Art kindlicher Leidenschaft in mir, die einfach ständig überfloss. Ich möchte wirklich nicht wieder ein solcher Idiot werden, aber ich hätte nichts dagegen, jetzt eine andere Art von Idiot zu sein. Ich möchte bereit sein, mich im richtigen Augenblick offen und begeistert zu dir zu bekennen, und einfühlsam genug, zu wissen, wenn es der falsche Augenblick ist. Es ist lachhaft, dass ich mich nach all diesen Jahren davor fürchte, den Namen deines Sohnes zu nennen. Vielleicht muss ich ihn ganz neu lieben lernen. Schenk mir einen frischen Eindruck deiner Liebe, Herr, eine neue Begeisterung, die nicht anders kann, als sich anderen mitzuteilen. Danke. Amen.

Donnerstag
Servolenkung

Doch was mir damals ein Gewinn war, das habe ich um Christi willen als Verlust erkannt. Ja noch mehr: Ich sehe alles als Verlust an, weil die Erkenntnis Christi Jesu, meines Herrn, alles übertrifft. Seinetwegen habe ich alles aufgegeben und halte es für Unrat, um Christus zu gewinnen und in ihm zu sein. Nicht meine eigene Gerechtigkeit suche ich, die aus dem Gesetz hervorgeht, sondern jene, die durch den Glauben an Christus kommt, die Gerechtigkeit, die Gott aufgrund des Glaubens schenkt. Christus will ich erkennen und die Macht seiner Auferstehung und die Gemeinschaft mit seinen Leiden; sein Tod soll mich prägen. So hoffe ich, auch zur Auferstehung von den Toten zu gelangen.

Philipper 3,7-11

Ich beneide Paulus um die Kühnheit und den Enthusiasmus seiner Aussagen über Jesus. Er ist wirklich Feuer und Flamme, nicht wahr? Nichts ist es wert, es festzuhalten, wenn es nicht Christus ist, alles ist Abfall, verglichen damit, ihn zu kennen, und wenn Leiden ein Teil der Abmachung ist, dann heißt er es willkommen, weil er das Leiden seines Meisters teilen möchte. Sein Lebenswerk besteht aus frontalem, vollblütigem, evangelistischem Zugehen auf jeden, der bereit ist, sich die gute Nachricht von der Errettung anzuhören. Ich wünschte, ich wäre wie er, aber ich bin es nicht.

Es ist nicht nur, dass ich nicht dieselbe Art Zutrauen zu Gott habe, wenn das auch sicherlich ein bedeutender Unterschied zwischen Paulus und mir ist (hin und wieder habe ich heiße Aufwallungen totalen Zweifels). Es ist auch so, dass ich große Bedenken habe, wenn jemand, der geistlich und moralisch so anfällig ist wie ich, anderen zu sagen versucht, was sie über Jesus denken oder fühlen sollten. Zwischen den erwähnten heißen Aufwallungen des Zweifels habe ich eine echte Leidenschaft für Gott, und wie ein kleiner Jeremia würde ich mir ernsthaft die Knochen verbrennen, wenn ich sie nicht hinausließe, aber ich fürchte meine eigene Anmaßung, wenn ich das tue. Viele meiner Mitlieferanten geistlicher „Ware" werden genau wissen, was ich meine. Glücklicherweise bin ich durch den Heiligen Geist erst ganz kürzlich auf eine Metapher gestoßen, die Paulus nicht zur Verfügung stand und die ich sehr hilfreich finde. (Ich wollte gerade bei „den Heiligen Geist" die Löschtaste drücken und stattdessen „sehr gründliches Nachdenken" schreiben, aber dann tat ich Buße und ließ es, wie es war.) Für all diejenigen, die fürchten, es sehe aus wie Stolz, wenn man evangelisiert, hier also der Gedanke, dass wir nur „Chauffeure" sind:

„Ja, den Job habe ich seit acht Jahren – habe irgendwo davon gelesen. Hätte nicht gedacht, dass ich ihn kriege, aber ich hab' ihn doch gekriegt. Ausbildung am Arbeitsplatz – alle Materialien wurden gestellt. Lange Arbeitszeit, aber ein Tag in der Woche ist frei. Er hat darauf bestanden. Normalerweise ein Wochentag – einen Sonntag habe ich seit Jahren nicht mehr frei gehabt. Der Lohn. Na ja, das ist ein bisschen komisch. Alle Kosten werden getragen, aber der Rest kommt auf einen Schlag am Ende. Ich traue ihm. Er wird bezahlen.

Pflichten? Na ja, eigentlich den Chef überall hinzufahren, wohin er will. Kleine Konferenzen, große Konferenzen, Leute in Häusern, Leute auf der Straße; er sagt, wohin, und ich fahre ihn. Guter Mann, der Chef. Inzwischen mehr wie ein Verwandter. Er ist sehr gut zu mir gewesen in vieler Hinsicht. Lacht gerne über einen Scherz, aber ich sage Ihnen – man sollte ihm nicht auf die Füße treten. Die Uniform muss picobello sein, das Auto sauber, zuverlässig und immer einsatzbereit. Ich darf nicht zu langsam fahren, ich darf nicht das Tempolimit überschreiten, aber ich *muss* ihn rechtzeitig hinbringen. Und noch etwas: *Er* entscheidet über die Fahrtroute und das Ziel, und damit hat es sich. Einmal bin ich woanders entlanggefahren, weil mir die Route besser erschien, und als wir ankamen, drehte ich mich um, und er war ausgestiegen! Keine Ahnung, wann oder wo, aber er war einfach weg. Aber kein Grund zur Verlegenheit! Alle warteten auf ihn, weil er in diesem Saal sprechen sollte, also musste ich so tun, als wäre ich er. Sehr beeindruckt waren sie nicht. Habe es nie wieder versucht.

Gefährlich? Ja, manchmal waren wir in ziemlich wilden Gegenden – natürlich nur, wenn er es so wollte, aber bisweilen war es ganz schön gruselig. In manchen dieser Gegenden war ich froh, nur der Chauffeur zu sein. Solange der Chef in der Nähe ist, fühlt man sich aber irgendwie sicher – schwer vorzustellen, dass er einmal mit etwas nicht klarkommt. Er hat dieses gewisse Etwas an sich. Kann gut mit Leuten umgehen.

Stolz auf meinen Job? Ja, ich denke eigentlich schon – na ja, stolz darauf, beteiligt zu sein an dem, was er tut, selbst wenn ich ihn nur fahre. Ich sage Ihnen, es ist ein tolles Gefühl, die Tür zu öffnen, wenn wir irgendwo hinkommen, und zu sehen, wie begeistert die Leute sind, wenn er aussteigt. Eine Art Abglanz, verstehen Sie. Ich halte mich immer schön im Hintergrund, damit alle ihn gleich gut sehen können. Dann empfinde ich Stolz. Stolz auf ihn, meine ich. Ja, *sehr* stolz auf ihn ..."

Beten Sie mit mir

Herr Jesus, du hast eine riesige Zahl von Leuten wie uns, die für dich und mit dir arbeiten. Wir haben verschiedene Jobs, verschiedene Probleme und Verantwortungen, doch am Ende legen wir dir alle Rechenschaft ab. Was immer unsere jeweilige Arbeit ist, hilf uns zu begreifen, dass wir gemeinsam an der dringenden Aufgabe beteiligt sind, dich und die Erlösung, die du für uns erwirkt hast, in eine verlorene Welt hineinzutragen. Wir wollen dir nicht im Weg sein, aber wir wollen auch nicht so weit *aus* dem Weg sein, dass wir überhaupt nichts mehr tun. Wir sind ängstliche Leute und lassen uns oft von unserer Unzulänglichkeit und Unwürdigkeit lähmen. Lass uns erkennen und begreifen, was für einen Beitrag du von uns erwartest, wie bescheiden er auch sein mag; und lass uns wie dein Diener Paulus einen angemessenen Stolz darauf empfinden, mit dir zu tun zu haben – dem Chef. Amen.

Freitag
Tod, du musst sterben

Jesus erwiderte ihr: Ich bin die Auferstehung und das Leben. Wer an mich glaubt, wird leben, auch wenn er stirbt, und jeder, der lebt und an mich glaubt, wird auf ewig nicht sterben. Glaubst du das?
Marta antwortete ihm: Ja, Herr, ich glaube, dass du der Messias bist, der Sohn Gottes, der in die Welt kommen soll.

Als sie das hörten, waren sie aufs äußerste über ihn empört und knirschten mit den Zähnen. Er aber, erfüllt vom Heiligen Geist, blickte zum Himmel empor, sah die Herrlichkeit Gottes und Jesus zur Rechten Gottes stehen und rief: Ich sehe den Himmel offen und den Menschensohn zur Rechten Gottes stehen.
Da erhoben sie ein lautes Geschrei, hielten sich die Ohren zu, stürmten gemeinsam auf ihn los, trieben ihn zur Stadt hinaus und steinigten ihn. Die Zeugen legten ihre Kleider zu Füßen eines jungen Mannes nieder, der Saulus hieß.
So steinigten sie Stephanus; er aber betete und rief: Herr Jesus, nimm meinen Geist auf! Dann sank er in die Knie und schrie laut: Herr, rechne ihnen diese Sünde nicht an! Nach diesen Worten starb er.
Als wir am ersten Wochentag versammelt waren, um das Brot zu brechen, redete Paulus zu ihnen, denn er wollte am folgenden Tag abreisen; und er dehnte seine Rede bis Mitternacht aus. In dem Obergemach, in dem wir versammelt waren, brannten viele Lampen. Ein junger Mann namens Eutychus saß im offenen Fenster und sank, als die Predigt des Paulus sich länger hinzog, in tiefen Schlaf. Und er fiel im Schlaf aus dem dritten Stock hinunter; als man ihn aufhob, war er tot. Paulus lief hinab, warf sich über ihn, umfasste ihn und sagte: Beunruhigt euch nicht: Er lebt! Dann stieg er wieder hinauf, brach das Brot und aß und redete mit ihnen bis

zum Morgengrauen. So verließ er sie. Den jungen Mann aber führten sie lebend von dort weg. Und sie wurden voll Zuversicht.

Johannes 11,25-27; Apostelgeschichte 7,54-60; Apostelgeschichte 20,7-12

Ich hatte immer Angst vor dem Tod. Als kleines Kind von sieben Jahren oder so lag ich nachts im Bett und fragte mich, wie ich jemals zurechtkommen sollte, wenn meine Eltern sterben sollten. Dass Menschen starben, wusste ich schon, denn meine geliebte Großmutter war gestorben, als ich sechs war, und ich spürte immer noch das kalte, schwere Gewicht der Trauer in meinem Bauch, wann immer ich an sie dachte. Meine Mutter sagte, sie sei im Himmel und ich würde sie eines Tages wiedersehen; das tröstete mich, aber den Gedanken, dass sonst noch jemand ohne mich vorausgehen würde, konnte ich nicht ertragen. Manchmal konnte ich vor lauter Sorge darum nicht schlafen, und dann rief ich nach meiner Mutter, damit sie sich auf meine Bettkante setzte und mir sagte, dass alles in Ordnung sei. Am Morgen *war* immer alles in Ordnung – ein Morgen und der Tod passen einfach nicht zusammen –, aber sobald die Nacht wieder hereinbrach, kehrten auch die Sorgen zurück, und in meinem Inneren wurde es noch finsterer als in meinem Zimmer. Ich *hasste* den Tod. Was sollte das ganze Leben, wenn wir am Ende doch alle starben? Meine kleine Seele *wütete* gegen den Tod. Ein richtiger kleiner Dylan Thomas war ich.

Diese Furcht hat mich auch nicht verlassen, als ich älter wurde. Sie wurde sogar schlimmer, denn das mit dem Himmel erschien mir nicht mehr sehr überzeugend. Die unvermeidliche Tatsache des Todes war eine schwere Decke, die jede Chance erstickte, mich restlos der Freude zu überlassen. Kennen Sie das Gefühl?

Die Botschaft dieser Worte Jesu im elften Kapitel des Johannesevangeliums war der erste Hoffnungsstrahl in der Düsternis meiner Seele. Die Stimme, die sie sprach, hatte eine natürliche Autorität, trotz der Tatsache, dass ich sie nur auf dem Umweg über eine gedruckte Seite hörte. Durch das Kommen Jesu, entdeckte ich, war der Tod am Schlafittchen gepackt, wie eine Ratte geschüttelt und, durch Jesu Kreuzigung und Auferstehung, vollkommen besiegt worden. Nun, wie der zweite und dritte Abschnitt oben zeigen (ich hätte viele Beispiele auswählen können), war die Bewegung zwischen Leben und Sterben fließend, umkehrbar und aus der Sicht der Ewigkeit belanglos geworden. Die Apostelgeschichte ist voll von einer unermesslichen Begeisterung jener ersten Anhänger Christi, als sie die Macht dieses neuen Prinzips in ihrem eigenen Leben erprobten und beobachteten. Lesen Sie einmal die Apostelgeschichte wie einen Roman – es ist wunderbar!

Noch immer hasse ich den Tod und wüte gegen ihn. Ich hasse ihn, weil er so verheerenden Kummer verursacht und solche Einsamkeit hinterlässt und weil er den Menschen manchmal so große körperliche Schmerzen zufügt. Ich kann an offenen Gräbern keine Choräle singen, und ich glaube auch nicht, dass Jesus das gekonnt hätte. Dazu war er zu sehr bei Verstand. Doch heute weiß ich in meinem tiefsten Herzen, dass es auf der wichtigsten Ebene keinen Grund zur Furcht mehr gibt. Der Mann, der für meine Sünden gestorben ist, hat den Tod überwunden, und Gott hat alles in der Hand.

Was würde ich sagen, wenn einem meiner Kinder etwas Furchtbares passieren würde? Die Antwort ist, dass ich es nicht weiß. Ich *weiß* nicht, warum er manchmal solch schreckliche Dinge geschehen lässt, aber ich weiß, dass er denselben Schmerz darüber empfindet wie wir, und ich werde solche Dinge nicht mit wohlklingenden Platitüden abtun. Jesus hat das nie getan. Er steckt mit uns drin.

Beten Sie mit mir

Jesus, viele von uns haben durch den Tod von Menschen, die wir liebten, großen Schmerz erlitten.

Einige von uns hadern deswegen. Wir wollen es nicht, aber wir tun es. Wir wollen wissen, warum du nichts dagegen getan hast, obwohl wir doch so lange, so eindringlich gebetet haben. Wo lag der Sinn, Herr? Wo lag der *Sinn*? Du sagst, dass du uns liebst, und dann brichst du uns das Herz, indem du uns jemanden nimmst, der uns alles bedeutete. Wo lag der Sinn dabei?

Einige von uns sind immer noch sehr unsicher, was den Himmel und die Erlösung und all das betrifft. Steht es denn absolut fest, dass alles gut wird? Ist alles, was in der Bibel steht, wahr? Wirst du auf uns warten, wenn wir dorthin kommen? Ist es wahr, Herr?

Einige von uns haben große Angst vor dem Schmerz des Sterbens, Jesus. Manchmal wachen wir in kaltem Schweiß auf, erfüllt von Furcht vor einer langen, schmerzhaften Krankheit. Wirst du bei uns sein, wenn das passiert, Herr? Wir werden wieder auf deine ruhige, starke Stimme hören, Herr, und Mut fassen:

„Ich bin die Auferstehung und das Leben. Wer an mich glaubt, wird leben, auch wenn er stirbt, und jeder, der lebt und an mich glaubt, wird auf ewig nicht sterben. Glaubst du das?"

Herr Jesus, danke, dass du für uns gestorben bist. Höre und vergib unsere Rufe des Zorns, der Schmerzen, der Verwirrung und der Furcht. Wir glauben – hilf unserem Unglauben. Amen.

Samstag
Freunde

Rut antwortete: Dränge mich nicht, dich zu verlassen und umzukehren. Wohin du gehst, dahin gehe auch ich, und wo du bleibst, da bleibe auch ich. Dein Volk ist mein Volk, und dein Gott ist mein Gott. Wo du stirbst, da sterbe auch ich, da will ich begraben sein. Der Herr soll mir dies und das antun – nur der Tod wird mich von dir scheiden. Als sie sah, dass Rut darauf bestand, mit ihr zu gehen, redete sie nicht länger auf sie ein.

So zogen sie miteinander bis Betlehem. Als sie in Betlehem ankamen, geriet die ganze Stadt ihretwegen in Bewegung. Die Frauen sagten: Ist das nicht Noomi?

Doch sie erwiderte: Nennt mich nicht mehr Noomi (Liebliche), sondern Mara (Bittere), denn viel Bitteres hat der Allmächtige mir getan.

Rut 1,16-20

Das Buch Rut ist eine frische, belebende Brise inmitten der dramatischen, turbulenten Stürme des Alten Testaments. Die Figuren sind einfach *nette* Leute. Ich hätte Rut und Noomi und Boas liebend gern gekannt. Aber sie sind auch sehr gewöhnliche, menschliche Leute, und in diesem Abschnitt sehen wir, wie Noomi sich beinahe einer ganz illusorischen Angst ergibt, Gott hätte sie in dieser Welt ganz und gar im Stich gelassen.

Freilich *hatte* sie sehr, sehr viel verloren. Der Tod eines Ehemannes und zweier Söhne wäre in jedem Zeitalter eine Tragödie gewesen, doch in jenem Land zu jener Zeit war es eine vernichtende Katastrophe. Dennoch war es eine Tatsache, dass der Herr Noomi nicht „leer" zurück in ihre Heimatstadt Betlehem geführt hatte. Neben ihr stand, selbst während sie diese Worte sagte, eine

Schwiegertochter, wie sie anhänglicher und liebevoller nicht hätte sein können. Rut hätte zurück nach Moab gehen können, wo sie bei ihren Verwandten sicher gewesen wäre, doch stattdessen blieb sie bei ihrer Schwiegermutter. Ich frage mich, ob die junge Witwe ein wenig verletzt war über Noomis totale Verzweiflung.

Vor einigen Monaten erhielt meine Frau einen Anruf von einem uralten Freund von uns, der mit seiner Frau und seinen zwei Kindern in Schottland lebt. Sie sind eine wunderbare Familie. Sowohl Ted als auch Sally arbeiten seit Jahren hauptberuflich in der Jugendarbeit und sind in diesem Bereich ungemein fähig. Hin und wieder kommt es jedoch vor, dass sich in ihrem Leben die Krisen anhäufen wie Gift unter der Haut, und wenn dann der „Ausbruch" kommt, dann machen sie sich meistens auf den Weg nach Süden und besuchen uns. Auf dieselbe Art haben auch wir sie manchmal „benutzt". Diesmal waren sie wirklich der Verzweiflung nahe, und als wir um den Küchentisch saßen und den Kindern zusahen, die draußen im Garten spielten, war Ted in einer finsteren Stimmung.

„Wir haben als Familie das Gefühl, dass Gott uns im Stich gelassen hat", sagte er düster. „Wir sind allein und hilflos."

Ich hatte schon zu meiner routinemäßigen Reaktion angesetzt, mitfühlend zu nicken und zu sagen: „Ich weiß genau, was du meinst", als mir plötzlich aufging, dass Ted kompletten Blödsinn redete. Hier saßen wir alle, Ted und Sally und Bridget und ich, eine kleines Segment des Leibes Christi, und griffen uns gegenseitig unter die Arme, wie wir es seit Jahren getan hatten, und das war möglich, weil Gott uns vor langer Zeit zu genau diesem Zweck zusammengestellt hatte. Der arme alte Ted brauchte natürlich eine Weile, bis er diesen Gedanken zu würdigen wusste. Es ist immer ein bisschen ärgerlich, wenn einem gesagt wird, dass sein Elend nicht unbedingt ganz so schrecklich ist, wie man dachte!

Wenn wir diese Tiefpunkte in unserem Leben erreichen, dann lohnt es sich, einen Moment lang darüber nachzudenken, wie viel Gott uns in Form von engen, hilfsbereiten Freunden und Angehörigen geschenkt hat. Manchmal ist gerade die Person, der wir unsere Verzweiflung klagen, das größte Geschenk, das wir je empfangen haben. Es ist ein ehrfurchtgebietender Gedanke, dass wir mit der Hand eines Mitchristen in Wirklichkeit den Leib Jesu auf der Erde berühren.

Was Noomi angeht – nun, durch Rut fand sie eine neue Familie, neue Hoffnung und ein kleines Kind namens Obed, das sie lieben und um das sie sich kümmern konnte. Später würde dieses Kind der Großvater Davids sein, des Königs von Israel, eines Mannes nach Gottes Herzen. Gott hatte sie doch nicht leer zurückgeführt, oder?

Beten Sie mit mir

Vater, heute werde ich mir ein paar Minuten Zeit nehmen, um die Namen von Leuten Revue passieren zu lassen, die mir im Lauf der Jahre nahegestanden haben. Ich weiß, ich nehme manche von ihnen für selbstverständlich und bringe sie oft überhaupt nicht mit dir in Zusammenhang. Danke für ihre Liebe und für deine Freundlichkeit, dass du sie mir geschenkt hast. Vergib mir, wenn ich dir manchmal vorwerfe, du hättest mich im Stich gelassen, wenn du doch in ihnen immer gegenwärtig warst. Das muss dir sehr wehtun.

Ich weiß, Vater, dass manche Leute wirklich keine echten Freunde in ihrem Leben haben. Sie haben Angst, dir gleichgültig zu sein. Ich möchte dir versprechen, dass ich versuchen werde, feinfühlig für die Stimme des Geistes zu sein, wenn er mich auf einen anderen Teil des Leibes aufmerksam macht, der deine Gegenwart durch mich braucht. Amen.

FURCHT VOR DEM VERSAGEN

Sonntag
Öffnen wir uns

Das ist die Botschaft, die wir von ihm gehört haben und euch verkünden: Gott ist Licht, und keine Finsternis ist in ihm. Wenn wir sagen, dass wir Gemeinschaft mit ihm haben und doch in der Finsternis leben, lügen wir und tun nicht die Wahrheit. Wenn wir aber im Licht leben, wie er im Licht ist, haben wir Gemeinschaft miteinander, und das Blut seines Sohnes Jesus reinigt uns von aller Sünde.

1. Johannes 1,5-7

Wenn ich vor einer Gruppe von Leuten spreche, beginne ich recht oft mit ein paar Bemerkungen über mich selbst.

„Zunächst einmal", sage ich manchmal, „ich bin ein gescheiterter Christ. Sind hier noch andere gescheiterte Christen?"

In solchen Gemeinden, wo an uns der Anspruch gestellt wird, eine triumphierende Armee auf dem Weg zum Sieg zu sein, tritt an dieser Stelle eine kleine Pause ein, doch sobald sich eine oder zwei tapfere, ehrliche Hände gehoben haben, merken alle, dass Verwundbarkeit nichts Lebensgefährliches ist.

„Geben wir es doch zu", füge ich meistens hinzu, „wir sind alle ein Haufen Lumpen, wenn man es recht betrachtet, oder?"

Ganz gelegentlich kommt es vor, dass sich einem höchst ehrenwerten Kirchgänger angesichts der Erniedrigung, so bezeichnet zu werden, die Nackenhaare sträuben, doch im Allgemeinen zieht eine sanfte Welle der Entspannung und Erleichterung über die Versammlung der Heiligen hinweg. Sie merken, das wird nicht wieder einer von *diesen* Abenden.

Wohlgemerkt, es kann eine schrecklich schmerzhafte Erfahrung sein, wenn wir unsere Schwächen ans Licht bringen. Ich erinnere mich nur zu gut an einen Abend vor einigen Jahren, nicht lange, nachdem ich an einer neuen Arbeitsstelle begonnen hatte, mit Kindern in der Obhut der örtlichen Behörden zu arbeiten. Es war unübersehbar deutlich geworden, dass die meisten Leute in dem Mitarbeiterstab, den ich leiten sollte, ganz und gar nicht glücklich über die Art und Weise waren, wie ich meine Arbeit tat. Ihre Unzufriedenheit war vermutlich in vieler Hinsicht berechtigt, aber darum ging es eigentlich nicht. Es ging darum, dass die Kritik nicht ausgesprochen wurde (soweit sie mich betraf) und dass dadurch allmählich die Atmosphäre an unserem gemeinsamen Arbeitsplatz vergiftet wurde.

Es erschien dringend geraten, eine Gelegenheit zu schaffen, damit das Unausgesprochene ausgesprochen werden konnte. Also lud ich die ganze Gruppe eines Abends zu mir nach Hause ein, gab jedem von ihnen etwas zu trinken und forderte sie auf, mir genau zu sagen, was sie ihrer Meinung nach falsch machte. Und das taten sie dann auch – die meisten von ihnen – ausführlich und in allen Einzelheiten. Hinterher, als alle gegangen waren, weinte ich. Es war vermutlich höchst unklug gewesen, ein solches Sperrfeuer persönlicher Angriffe herauszufordern, doch mir ist klar, dass es von jenem Tag an besser wurde. Das offene Aussprechen von Kritik hat etwas an sich, das die Kritiker dazu zwingt, auch ihre eigenen Schwächen genauer in den Blick zu nehmen.

Wir sind alle Lumpen, und davon spricht dieser Abschnitt. Natürlich ist auch das gewohnheitsmäßige und bewusste Tun des Bösen eine Komponente des Lebens in der Finsternis, doch bei den meisten von uns kommt es dann zu Problemen, wenn wir nicht zulassen, dass das Licht in unsere ganz gewöhnlichen Probleme, Sünden und Unzulänglichkeiten hineinleuchtet. Wenn wir als Glieder des Leibes Christi mit Reue, Humor und manchmal mit Tränen ehrlich zueinander sind, dann liegt Vergebung in der Luft, die wir atmen.

Als ich vor zwei Jahren im Ausland war, traf ich einen Christen, der sein ganzes Leben lang mit einer ausgesprochen perversen sexuellen Versuchung zu kämpfen gehabt hatte. Ich war der Erste außer seinen engsten Angehörigen und Seelsorgern, dem er sein Problem offenbarte. Nie zuvor habe ich einen solchen Schmelztiegel voller geistiger, geistlicher und körperlicher Not gesehen, wie ihn dieser Mann in diesem Akt der Selbstoffenbarung erlitt. Es tat ihm weh, und mich forderte es heraus, doch in jenem Moment des Bekennens brach das Licht herein, und wir waren in echter Gemeinschaft.

Beten Sie mit mir

Herr, ich würde mich gerne verwundbarer zeigen, aber ich werde dir sagen, was mich wirklich beunruhigt. Wenn ich mich öffne und über mich selbst spreche, werden dann andere dasselbe tun, oder werden sie die Nerven verlieren und mich ansehen, als ob ich von einem anderen Planeten käme? Woher soll ich wissen, wem ich etwas sagen kann? Angenommen, sie klatschen über mich – das könnte ich nicht ertragen. Könntest du bitte ein oder vielleicht zwei Leute finden, an denen ich „üben" kann? Wenn du das tust, werde ich es versuchen, aber in meinem Kopf schwirren ein paar Dinge herum, die bestimmt noch in keinem Gottesdienst vorgekommen sind, den ich je besucht habe. Ich hoffe, es wird gutgehen. Pass auf mich auf, wenn ich mich öffne, Vater. Es wäre solch eine Erleichterung, wenigstens einmal einfach der zu sein, der ich bin. Amen.

Montag
Schuldig geboren

Wenn wir sagen, dass wir keine Sünde haben, führen wir uns selbst in die Irre, und die Wahrheit ist nicht in uns. Wenn wir unsere Sünden bekennen, ist er treu und gerecht; er vergibt uns die Sünden und reinigt uns von allem Unrecht. Wenn wir sagen, dass wir nicht gesündigt haben, machen wir ihn zum Lügner, und sein Wort ist nicht in uns.

1. Johannes 1,8-10

Ich kannte einmal einen Mann, der eine Zeit lang mit der Bewegung für „Gesundheit, Wohlstand und Sündlosigkeit" sympathisierte. Als seine Augen schlechter wurden, weigerte er sich, eine Brille zu tragen, denn damit hätte er ja einen Mangel an Glauben an Gottes Heilungsverheißung offenbart. Unglücklicherweise fuhr er weiterhin Auto, während er auf dieses Wunder wartete, und eine Anzahl ortsansässiger Bürger wurden durch die Beinahe-Zusammenstöße, die sich daraus ergaben, zu Sünden des Fluchens und des Zorns verführt. Mit dem Wohlstand klappte es auch nicht allzu gut, wie ich mich zu erinnern glaube, und falls er es angesichts all dessen geschafft haben sollte, sündlos zu bleiben, dann gehört er wirklich nicht in diese Welt.

Abgesehen von diesem Mann glaube ich nicht, dass ich schon jemals jemanden getroffen habe, der ernsthaft behauptete, ohne Sünde zu sein. Freilich sind mir zwei andere Arten von Leuten durchaus begegnet.

Da sind zuerst diejenigen, die freimütig zugeben, Fehler und Laster zu haben, aber keinen Zusammenhang zwischen menschlichen Unzulänglichkeiten und einem Gott sehen, an den sie vermutlich sowieso nicht glauben. Ihre Sünden, würden sie sagen, unterscheiden sich nicht sehr von denen anderer Leute, und damit haben sie natürlich recht. Was sie nicht sehen, ist die möglicherweise katastrophale Kluft zwischen ihnen selbst und Gott, die durch die Sünde der Menschheit (im Gegensatz zu der Sünde eines Einzelnen) entsteht. Gott helfe uns, wirksamere Wege zu finden, um diese dringend notwendige Wahrheit mitzuteilen, als die mancherlei kostspielig unwirksamen Wege, die wir in der Vergangenheit beschritten haben.

Die andere Art von Leuten sind diejenigen, die jeden Morgen ihre Schuld überziehen wie einen Anzug. Das hat nichts mit Überführung von der Sünde und Buße zu tun. Es geht darum, so besessen von der Wahrscheinlichkeit des Versagens zu sein, dass wir die Tatsache aus dem Blick verlieren, dass Jesus ja gerade eben dafür gestorben ist, damit wir Frieden finden. Ich fürchte, manche christlichen Gruppen können in diesem Bereich alles andere als eine Hilfe sein. Hier ist eine *leicht* übertriebene Version dessen, was sich dort bisweilen abspielt:

Leiter: *(triefäugig bekümmert)* Ich dachte, wir könnten diesen Abend, falls es dem Herrn gefällt, uns bis zweiundzwanzig Uhr zu verschonen, damit verbringen, uns gegenseitig an unsere traurige Sündhaftigkeit zu erinnern. Beginnen wir, indem wir einander Einsichten in unsere verderbte Natur mitteilen, die uns in der vergangenen Woche anvertraut wurden. Mona, vielleicht möchtest du den Anfang machen?

Mona: Nein, ich bin nicht würdig.

Leiter: Henry, vielleicht könntest du ...?

Henry: Ich bin noch unwürdiger.

Leiter: Elspeth?

Elspeth: Ich bin ein Gräuel.

Leiter: Jerome?

Jerome: Ich hätte es verdient, mit einem Gewicht an den Füßen ins Meer geworfen zu werden. *(Pause)*

Leiter: Vielleicht der Allerunwürdigste ...? *(alle rufen im Chor: „Ich! Ich! Ich sollte den Anfang machen! Lasst mich anfangen!" etc.)*

Jerome: Ich bin im Besitz einer kleinen, selbstverdammenden Anekdote.

Leiter: Nur zu.

Jerome: Am Montag gewahrte ich eine arme, kleine Nacktschnecke, die von einem achtlosen Stiefel auf dem Wege zermalmt worden war, und ich dachte darüber nach, dass dieses verstorbene Geschöpf viel mehr zum Werk des Reiches Gottes beizutragen hatte als ein solcher Abschaum, wie ich es je sein werde.

Leiter: Hast du für deine Selbstversenkung Buße getan?

Jerome: Allerdings, mit Freudigkeit.

Mona: Wie können nur diejenigen das Leben ertragen, die nicht solche Freude kennen wie wir.

Henry: Mit Leichtigkeit, verglichen mit unseren armseligen Bemühungen, wenn wir in ihrer Lage wären, nehme ich an ...

Was für ein Unsinn, aber wo immer die schiere *Nettigkeit* Gottes nicht erkannt wird, werden Sie Leute finden, die durch Schuldgefühle regelrecht gelähmt sind. Ich glaube, dass Gott diesen Leuten freundlich sagen möchte: „Ich kann verstehen, wie du dich fühlst, aber deine Weigerung, mein Geschenk an dich anzunehmen, macht mir mehr Sorgen, als die Dinge es jemals getan haben, über die du jeden Tag grübelst. Lest von dem verlorenen Sohn, Kinder – und entspannt euch."

Beten Sie mit mir

Ich habe die Geschichte von dem verlorenen Sohn gelesen, Vater, und ich merke, dass bei dir die Buße eine fröhliche Sache ist. Wir bekennen unsere Sünden, und du schließt uns in die Arme. Und dann wird gefeiert! Aber, Herr, manche von uns sind regelrecht krank vor Schuldgefühlen. Wir sind damit aufgewachsen, wir werden davon heruntergezogen, wir werden sie nicht los. Weit davon entfernt, zu sagen, wir hätten *keine* Sünde, können wir stattdessen die Vergebung nicht akzeptieren, wenn sie uns angeboten wird. Wir müssen in den Lichtkreis deiner Zuneigung kommen, Vater – wir müssen spüren, dass du uns wirklich haben willst. Wir müssen uns gereinigt *fühlen*, nicht nur gereinigt *sein*. Danke, dass du so nett bist. Bitte tu ein kleines Wunder, damit wir das nicht nur sagen, sondern auch glauben können. Dann werden wir auch denen etwas zu sagen haben, die ihre Sünde überhaupt nicht mit dir in Verbindung bringen. Amen.

Dienstag
Schrei aus dem Herzen

Herr, du Gott meines Heils,
zu dir schreie ich am Tag und bei Nacht.
Lass mein Gebet zu dir dringen,
wende dein Ohr meinem Flehen zu.

Denn meine Seele ist gesättigt mit Leid,
mein Leben ist dem Totenreich nahe.
Schon zähle ich zu denen, die hinabsinken ins Grab,
bin wie ein Mann, dem alle Kraft genommen ist.
Ich bin zu den Toten hinweggerafft,
wie Erschlagene, die im Grabe ruhen;
an sie denkst du nicht mehr,
denn sie sind deiner Hand entzogen.

Du hast mich ins tiefste Grab gebracht,
tief hinab in finstere Nacht.
Schwer lastet dein Grimm auf mir,
all deine Wogen stürzen über mir zusammen.

Psalm 88,2-8

Anders als die meisten Psalmen beginnt und endet dieser Schmerzensschrei in Dunkelheit. Der einzige Anflug von Optimismus liegt in der offensichtlichen Überzeugung des Schreibers, dass es einen Sinn hat, all diese verzweifelten Gefühle vor einem Gott auszubreiten, der sein Heil in der Hand hält und vielleicht zuhören wird – oder gar etwas *tun* wird, wenn er es für richtig hält.

Wir scheinen in dieser Zeit vergessen zu haben, was es bedeutet, gegen die Tore des Himmels zu hämmern. Depressionen, schlechte Gesundheit und ständige Schicksalsschläge können die Kommunikation mit Gott austrocknen lassen, vielleicht deshalb, weil man heutzutage allgemein annimmt, dass höfliche Begeisterung und Selbstermahnung die einzig legitimen Gebetsformen seien.

Der Mensch, der diesen Psalm schrieb, wandte sich von seinem Krankenbett oder anderen Umständen zum Himmel, um die Aufmerksamkeit Gottes (den er in einem ganz praktischen Sinne respektierte) zu erhaschen und auf einen Ausbruch von Klagegeschrei zu lenken, der von keinerlei Religiosität verwässert ist. Es ist wirklich nichts Falsches daran, Gott genau zu sagen, wie Sie sich fühlen.

Einmal hatte ich mitten in einer Versammlung den Eindruck, es wäre für einige Leute hilfreich, sich ein paar Minuten Zeit zu nehmen, um „Gott zu vergeben" für das, was er in ihrem Leben getan oder nicht getan hatte. Natürlich, fügte ich hinzu, hat er nicht wirklich irgendetwas Falsches getan, aber das ist ja gerade das Problem. Groll und Enttäuschung beginnen zu faulen, wenn sie keinen Ausdruck finden, und der Gott, den ich kenne, ist durchaus in der Lage, mit den Verletzungen fertigzuwerden, die wir empfinden, besonders wenn wir unsere Klagen an ihn richten. Ein Jahr später traf ich eine Frau, die mir schilderte, wie diese paar Minuten Offenheit gegenüber Gott ihre Beziehung zu ihm revolutioniert habe.

Es gibt nur eine Regel für das Reden mit Gott, besonders wenn unser Leben ganz und gar gescheitert zu sein scheint. Sprechen Sie aus dem Herzen – wie ein Kind ...

Ich bin noch nicht einmal ein Jahr alt.

Gerade eben, als es mir ganz schlechtging, kamen ein paar Leute zu uns nach Hause und trugen mich nach draußen in einen weißen Lieferwagen. Mein Papa *gab* mich ihnen, obwohl es mir wirklich ganz elend ging. Er half ihnen, mich in den Lieferwagen zu legen, und dann stieg er selbst auch ein. Nach einer holperigen Fahrt sind wir an einem sehr großen Haus voll mit Leuten in weiße Kleidung angekommen. Papa ließ mich bei einer Frau, die ich nicht kenne, und die machte Sachen mit mir, die mir nicht gefielen. Papa *ließ* sie einfach! Dann kam Papa zurück, aber nur ganz kurz, und er nahm mich nicht einmal in die Arme oder sah mich an, denn er hatte die Hände vor seinem Gesicht. Dauernd kommen andere Leute herein und starren mich an. Ich bin sehr hungrig, aber Papa hat mir nichts zu essen mitgebracht. Jetzt geht es mir noch schlechter als vorhin, als Papa mich diesen Männern gegeben hat. *Warum* hat er das getan? Ich weiß nicht, was als Nächstes passieren wird. Mir gefällt es hier nicht, und mein Kopf fühlt sich komisch an, und ich verstehe nicht, warum Papa mich nicht nach Hause holt und macht, dass es nicht mehr wehtut. Warum hat er mich nicht mehr lieb? Wenn er wieder hereinkommt, werde ich weinen und weinen und weinen und weinen ...

Beten Sie mit mir

Vater, viele von uns halten seit langer Zeit sehr heftige Gefühle in sich verschlossen. Wir waren nicht sicher, wie du reagieren würdest, wenn du hörst, was wir sagen würden, wenn wir das alles herauslassen. Wenn es wirklich stimmt, dass du nichts dagegen hast, wenn wir vollkommen offen zu dir sind, dann hilf uns, den Mund aufzumachen und den Zorn oder die Unzufriedenheit oder den Groll oder was auch immer in deine Richtung loszulassen. Manche von uns wollen auf deinen Schoß klettern und gegen deine Brust hämmern wie kleine Kinder und vielleicht sogar sagen: „Ich hasse dich! Ich hasse dich! Ich hasse dich!" Kleine Kinder weinen meistens, wenn sie das getan haben, und dann schlafen sie ein, eingerollt auf dem

Schoß der Person, die sie eben noch angeschrien haben. Oh, Vater! Manche von uns haben genau das so nötig. Willst du uns jetzt helfen, bitte? Amen.

Mittwoch
Den Hilflosen helfen

Herr, darum schreie ich zu dir,
früh am Morgen tritt mein Gebet vor dich hin.
Warum, o Herr, verwirfst du mich,
warum verbirgst du dein Gesicht vor mir?
Gebeugt bin ich und todkrank von früher Jugend an,
deine Schrecken lasten auf mir, und ich bin zerquält.
Über mich fuhr die Glut deines Zorns dahin,
deine Schrecken vernichten mich.
Sie umfluten mich allzeit wie Wasser
und dringen auf mich ein von allen Seiten.
Du hast mir die Freunde und Gefährten entfremdet;
mein Vertrauter ist nur noch die Finsternis.

Psalm 88,14-19

Wie wird man mit jemandem fertig, der in solcher Finsternis steckt? Ich glaube kaum, dass das Problem dieses Burschen mit einem Traktat, einem einschlägigen Bibelvers oder auch einem christlichen Taschenbuch zu lösen ist, oder?

Die überflutende Verzweiflung, von der dieser Schreiber spricht, ist mir nicht fremd, und ich bin keineswegs überrascht, dass seine Freunde und Nachbarn ihm aus dem Weg gehen. Ich kann Ihnen aus persönlicher Erfahrung sagen, dass nicht das zählt, was die Leute sagen, auch nicht das, was sie einem materiell geben, nicht einmal das, was sie genau tun, sondern was sie *sind*. Man findet sehr schnell heraus, was der Glaube einer Person bedeutet, wenn er oder sie mit der völligen Verzweiflung eines anderen konfrontiert wird.

Manche Leute geraten in Panik. Sie möchten das Problem so schnell wie möglich gelöst, geklärt, abgehakt haben, weil tiefe Verzweiflung eine Bedrohung für das künstlich geordnete, religiöse Gerüst ist, das ihnen hilft, sich sicher zu fühlen. Wer Schwerverletzten Pflaster aufklebt, nur, damit er selbst sich besser fühlt, verhält sich nicht besonders hilfreich.

Andere sind entschlossen, die tiefere Ursache des Problems herauszufinden, in der Überzeugung, wenn sie nur genau bestimmen könnten, wo sie ihre Hände auflegen, was sie austreiben oder wofür sie einen Gebetskampf bis zum Sieg ausfechten müssten, dann würde alles gut. Suchen ist natürlich nie ein Fehler, aber was ist, wenn man nichts findet?

Die Freunde, die mir die größte Hilfe waren, waren diejenigen, die nicht darauf angewiesen waren, dass alle losen Enden verknotet waren, diejenigen, die mit einem Mysterium leben konnten, diejenigen, die nicht durch meine Wiederherstellung irgendein eigenes Problem zu lösen versuchten, diejenigen, die zufrieden damit waren, die Hände Gottes zu sein, ohne darauf zu bestehen, sich auch noch aktiv in sein Gehirn einzumischen, diejenigen, die einfach an meiner Seite *da* waren, als ich sie brauchte.

Gott sei Dank für die bereitwilligen Fußsoldaten.

Beten Sie mit mir

Herr, hilf uns, unseren scheiternden, fallenden Freunden dieselbe selbstlose, nicht richtende Barmherzigkeit zuzuwenden, die Mutter Teresa und ihre Schwestern jenen hungernden Bettlern entgegenbringen, in denen sie Jesus sehen.

Wir müssen lernen, die Panik zu beherrschen, die in uns aufsteigt, wenn wir mit Schmerz und Unsicherheit bei anderen konfrontiert werden. Wir wissen, dass sie nicht so sehr Religion, sondern

Liebe brauchen, doch manchmal beeinträchtigt ihre Dunkelheit das Licht in uns, und wir wollen ihnen die Tür ins Gesicht zuschlagen, nachdem wir einen Vers, eine Ermahnung, eine Warnung oder ein „Gott segne dich" in ihre Richtung geschleudert haben. Vater, wir möchten Jesus ähnlicher sein, dessen Liebe immer auf individuelle Bedürfnisse zugeschnitten war. Es wird uns viel kosten. Das wissen wir. Hilf uns, nicht geizig und feige zu sein. Amen.

Donnerstag
Plädoyer für schönere Musik

Wir müssen als die Starken die Schwäche derer tragen, die schwach sind, und dürfen nicht für uns selbst leben. Jeder von uns soll Rücksicht auf den Nächsten nehmen, um Gutes zu tun und (die Gemeinde) aufzubauen. Denn auch Christus hat nicht für sich selbst gelebt; in der Schrift heißt es vielmehr: Die Schmähungen derer, die dich schmähen, haben mich getroffen. Und alles, was einst geschrieben worden ist, ist zu unserer Belehrung geschrieben, damit wir durch Geduld und durch den Trost der Schrift Hoffnung haben. Der Gott der Geduld und des Trostes schenke euch die Einmütigkeit, die Christus Jesus entspricht, damit ihr Gott, den Vater unseres Herrn Jesus Christus, einträchtig und mit einem Munde preist.

Römer 15,1-6

Als ich diesen Abschnitt gelesen hatte, kratzte ich mich am Kopf und stellte mir die folgende Frage: Bin ich einer der Schwachen, deren Schwäche getragen werden muss, oder bin ich einer der Starken, der die Schwäche der Schwachen tragen muss? Deutet die Bibel nicht darauf hin, dass ich, wenn ich mich für stark halte, fast mit Sicherheit schwach bin, und dass ich wahrscheinlich stark bin, wenn ich glaube, ich sei schwach? Und wenn ich mich für stark halte, sollten dann die anderen nicht meine Schwäche tragen, da ich ja in Wirklichkeit schwach bin? Und sollte ich nicht am besten meinen Kopf in einen Betonkübel stecken und Kinderreime an den Mond singen?

Verwickeln Sie sich auch manchmal in solche geistlichen Knoten? Ich habe ein besonderes Talent dafür. Doch wie so viele dieser scheinbaren Verwicklungen lässt auch diese sich lösen, sobald wir das vernachlässigte Konzept der „Freundlichkeit" ins Spiel bringen. Ich bin sowohl schwach als auch stark (wie die meisten von uns), und ich brauche das freundliche Erdulden meiner Brüder und Schwestern, wenn ich meine Überzeugung verbreite, nur Leute in Bacchus-Kostümen dürften in den Himmel, oder was immer der derzeitige Fimmel sein mag. Ich hoffe, dass meine Freunde mir die verrückteren Ideen behutsam ausreden, doch jede Phase kann einem zu der jeweiligen Zeit schrecklich wichtig erscheinen.

Umgekehrt muss gerade ich persönlich lernen, die Empfindlichkeit der Prinzipien und Abstinenzen anderer Leute zu respektieren, besonders dann, wenn sie eher eine einengende als eine befreiende Wirkung zu haben scheinen. Man kann die Leute nicht dazu nötigen, anders zu sein, als sie sind (freilich gelingt es manchmal, sie durch Lachen in eine etwas andere Form zu bringen).

Beten Sie mit mir

Dies ist eine schwere Lektion, Herr. Was du offenbar sagen willst, ist, dass alles, was ich tue, wie großartig oder bedeutsam ich oder sonst jemand es auch finden mag, unnütz ist, wenn es nicht zu der Harmonie beiträgt, die zwischen Gliedern des Leibes Christi bestehen sollte. Es macht mir nichts aus, theoretisch zuzugeben, dass ich schwach bin, aber ich muss bekennen, dass ich große Angst davor habe, in bestimmten Situationen schwach zu *erscheinen*. Ich muss auch bekennen, dass ich mich oft dabei ertappe, dass ich abfällig über Mitchristen rede, weil das, was sie tun oder sagen, mir schwach und töricht erscheint und nicht zu meiner Vorstellung passt, wie die Gemeinde sein sollte. Vergib uns, wenn wir solche

Bemerkungen machen, die fast immer unkonstruktiv sind und den Heiligen Geist betrüben. Vergib uns unsere Arroganz gegenüber Leuten, die du liebst. Wir wünschen uns sehr, dass die eine Stimme deiner Gemeinde fröhlich und harmonisch klingt. Amen.

Freitag
Bis an die Grenzen

Auch der Leib besteht nicht nur aus einem Glied, sondern aus vielen Gliedern. Wenn der Fuß sagt: Ich bin keine Hand, ich gehöre nicht zum Leib!, so gehört er doch zum Leib. Und wenn das Ohr sagt: Ich bin kein Auge, ich gehöre nicht zum Leib!, so gehört es doch zum Leib. Wenn der ganze Leib nur Auge wäre, wo bliebe dann das Gehör? Wenn er nur Gehör wäre, wo bliebe dann der Geruchssinn? Nun aber hat Gott jedes einzelne Glied so in den Leib eingefügt, wie es seiner Absicht entsprach. Wären alle zusammen nur ein Glied, wo bliebe dann der Leib? So aber gibt es viele Glieder und doch nur einen Leib.

1. Korinther 12,14-20

Es kann eine Befreiung sein, wenn wir unsere individuellen, echten Begrenzungen akzeptieren. Ich sage „echte" Grenzen, weil ich keinesfalls damit meine, dass wir den Gedanken aufgeben sollten, in Bereichen der Schwäche dazuzulernen oder uns zu verbessern. Was ich meine, ist, dass wir gut daran tun, dann, wenn wir wie der verlorene Sohn „zu uns selbst kommen", zu dem unveränderlichen Felsengrund dessen, was wir sind, genau das Gott als unseren Beitrag zum Leib fröhlich anzubieten. Es hat keinen Sinn, zu versuchen, etwas zu sein, was wir nicht sind.

Manchmal ist es notwendig, sich so verwundbar zu zeigen, dass es schmerzt.

Als ich zum ersten Mal gebeten wurde, einen Beitrag zu der „Gedankenpause" um neun Uhr fünfzehn im zweiten Radioprogramm der BBC beizusteuern, war ich mit großem Eifer, aber auch mit großer Sorge bei der Sache. Mit Eifer, weil dieser Einschub mitten in einer sehr beliebten säkularen Sendung kommt und ich einigermaßen zuversichtlich war, dass mein Rede- und Schreibstil zu diesem speziellen Publikum passen würde.

Die Sorge rührte aus meinem Bewusstsein, dass ich angesichts von Kritik hoffnungslos auf Abwehr schalte. Negative Bemerkungen höhlen mein Selbstvertrauen so drastisch aus, dass mein Vortrag aller Wahrscheinlichkeit nach zu einem blassen, stotternden, schwächlichen Abklatsch dessen verkommt, was er hätte sein können. Damit will ich nicht sagen, dass ich keine Kritik nötig hätte, aber ich muss wissen, dass die Person, die mich kritisiert, zunächst einmal mich oder meine Arbeit zu schätzen weiß. Erbärmlich, nicht wahr? Aber das war meine größte Sorge, als ich zum ersten Mal Michael Wakelin (seinerzeit Produzent der „Gedankenpause") in seinem Londoner Büro traf.

Als wir uns zusammensetzten und über meinen Beitrag zu der Sendung sprachen, kam mir der Gedanke, ich könnte einmal versuchen, mich vollkommen verwundbar zu zeigen. Es war mir unbehaglich dabei – etwa so, wie wenn man jemandem, der gerade vorgeschlagen hat, zusammen einen Dauerlauf zu machen, sein Holzbein zeigt (stelle ich mir vor).

„Ich sage Ihnen lieber gleich", fing ich an, „dass die Qualität der zweiten Sendung, die ich mache, fast völlig davon abhängt, wie Sie auf die erste reagieren."

Michael, der ein sehr netter Kerl ist, sah mich verwundert an. „Wie meinen Sie das?"

„Sagen Sie mir, dass es wunderbar war."

„Selbst wenn das nicht stimmt?"

„Sagen Sie mir, es war wunderbar, ob es stimmt oder nicht, dann wird die nächste Sendung fast mit Sicherheit wirklich wunderbar sein. Wenn Sie die erste in Stücke reißen, werde ich innerlich sterben und in allen weiteren Sendungen nur noch Müll zustande bringen."

Und genau so machten wir es. Nach meiner ersten „Gedankenpause"-Sendung sagte mir Michael, es sei wunderbar gewesen; ich glaubte ihm durch einen Willensakt, und die zweite Sendung lief sehr gut.

Die Begabungen und Fähigkeiten, die ich habe, stecken in einem sehr zerbrechlichen Gefäß, und ich bin sehr abhängig von der Hilfe anderer Leute dabei, sie zu entwickeln und zu gebrauchen. Eine klare, unaufgeblähte Sicht unserer Stärken, gepaart mit einem ebenso realistischen Bewusstsein für unsere Schwächen und Begrenzungen, kann den Leib Christi nur stärken.

Vielleicht wollen Sie einwenden, dass Gott doch diese Schwächen beseitigen und diese fundamentalen Begrenzungen auflösen könnte. Nun ja, das könnte er, aber das ist seine Sache, und so lange, bis er das tut, müssen die meisten von uns mit dem arbeiten, was sie haben, nämlich mit uns selbst – und miteinander.

Ich frage mich, wie Michael die erste Sendung wirklich fand ...

Beten Sie mit mir

Vater, wenn ich an meine Grenzen stoße, dann möchte ich nicht so dumm sein, weiterzulaufen wie diese Zeichentrickfiguren, die plötzlich merken, dass sie nur noch Luft unter den Füßen haben und Hunderte von Metern weit in den Abgrund stürzen. Ich will auf die Anzeichen achten. Hilf mir, mit meinen eigenen Grenzen zurechtzukommen, Herr. Amen.

Samstag
Eine Stimme aus der Finsternis

Als die sechste Stunde kam, brach über das ganze Land eine Finsternis herein. Sie dauerte bis zur neunten Stunde. Und in der neunten Stunde rief Jesus mit lauter Stimme: *Eloï, Eloï, lema sabachtani?*, das heißt übersetzt: *Mein Gott, mein Gott, warum hast du mich verlassen?*

Markus 15,33-34

Dieser Abschnitt gibt uns die Erlaubnis, aus der Finsternis heraus wahrheitsgemäß zu sprechen. Manchmal kann ein Gefühl der Verzweiflung so tief sein, dass unsere Gebete voller Zweifel und Fragen sind. Gerade dann, wenn wir am ängstlichsten und verlorensten sind, sollten wir mit Gott reden. So hat es Jesus auch gemacht.

Beten Sie mit mir

Heute, an diesem Tag, fühle ich mich wie ein Versager.
Was für Fragen darf ich mir stellen, Vater?
Darf ich mich fragen, warum du alles so schwierig machst?
Kaum spreche ich diese Worte aus, stellen sich schon die Schuldgefühle ein.
Vielleicht ist es in Wirklichkeit gar nicht schwierig.
Wahrscheinlich bin nur ich schwierig.
Wahrscheinlich sind mein Hintergrund, mein Temperament und meine Lebensumstände dafür verantwortlich, dass es für mich einfach immer schwierig sein *musste*.
Aber wenn das nun nur eine Ausflucht ist?

Wenn ich mir nun etwas vormache?

Wenn ich nun tief in meinem Innern weiß, dass es mein eigenes freiwilliges Tun und Lassen war, das es mir immer so schwer *gemacht* hat?

Wenn ich nun einer von denen bin, die zwar berufen sind, aber nicht erwählt?

In dem Fall wäre es nicht schwierig – es wäre unmöglich.

Und wenn du nun überhaupt nicht existierst und der Tod nur ein plötzliches Stolpern in die Stille ist?

(Übrigens, könntest du es mich wissen lassen, falls du nicht existierst – noch vor Freitagabend, wenn es dir nichts ausmacht?)

Es gibt Momente, Vater, da ist alles so leicht, so leicht, dass ich gar nicht mehr weiß, wie es mir je schwierig erscheinen konnte.

Diese Momente gehen vorbei – sie sind kostbar – aber sie gehen vorbei.

Hast du bemerkt, wie ich mich immer von dir abzuwenden versuche, wenn jene Momente verflogen sind, aber es einfach nicht schaffe?

Ich glaube, ich werde dir nachfolgen, selbst wenn du nicht existierst.

Selbst wenn ich nicht erwählt bin.

Selbst wenn es immer wieder schwierig ist ...

Hörst du noch zu?

Tut mir leid, dass ich so herumjammere.

Es ist nur, dass ich mich heute, an diesem Tag, wie ein Versager fühle.

Meine Füße und Hände tun weh,

und da ist dieser Schmerz in meiner Seite.

GIDEON:
EIN ÄNGSTLICHER MANN MIT
EINER GROSSEN AUFGABE

Sonntag
Ärger mit Gott

Die Israeliten taten, was dem Herrn missfiel. Da gab sie der Herr in die Gewalt Midians, sieben Jahre lang. Als Midian die Oberhand gewann, machten sich die Israeliten die Schluchten in den Bergen und die Höhlen und die Bergnester (als Unterschlupf) vor den Midianitern zurecht. Doch immer, wenn die Israeliten gesät hatten, kamen Midian, die Amelekiter und die Leute aus dem Osten und zogen gegen sie heran. Sie belagerten die Israeliten und vernichteten die Ernte des Landes bis hin in die Gegend von Gaza. Sie ließen in Israel keine Lebensmittel übrig, auch kein Schaf, kein Rind und keine Esel. Denn sie zogen mit ihren Herden und Zelten heran und kamen so zahlreich wie die Heuschrecken herbei. Zahllos waren sie selbst und auch ihre Kamele. Sie kamen und verheerten das Land. So verarmte Israel sehr wegen Midian, und die Israeliten schrien zum Herrn.

Als nun die Israeliten wegen Midian zum Herrn schrien, schickte der Herr einen Propheten zu den Israeliten. Dieser sagte zu ihnen: So spricht der Herr, der Gott Israels: Ich selbst habe euch aus Ägypten heraufgeführt. Ich habe euch aus dem Sklavenhaus herausgeführt. Ich habe euch aus der Gewalt Ägyptens und aus der Gewalt all eurer Unterdrücker befreit. Ich habe sie vor euren Augen vertrieben und euch ihr Land gegeben. Und ich habe euch gesagt: Ich bin der Herr, euer Gott. Fürchtet nicht die Götter der Amoriter, in deren Land ihr wohnt. Aber ihr habt nicht auf meine Stimme gehört.

Der Engel des Herrn kam und setzte sich unter die Eiche bei Ofra, die dem Abiësriter Joasch gehörte. Sein Sohn Gideon war gerade dabei, in der Kelter Weizen zu dreschen, um ihn vor Midian in Sicherheit zu bringen.

Richter 6,1-11

Es wäre zutiefst ehrfurchtslos von mir, anzudeuten, wir hätten Gott in irgendeiner Weise in der Hand, also werde ich es nicht tun – aber eigentlich ist es so. Ich weiß, er kann sehr hart sein und ehrfurchtgebietend in seiner Macht und Stärke, aber er gibt uns niemals auf. Er will uns immer wieder zurückhaben, nicht wahr? Im Vorzimmer meines Kopfes habe ich keinen beständigen Glauben an diese wunderbare Wahrheit, aber irgendwo in einem Safe in den hinteren Räumen ist eine schwere alte Akte eingeschlossen, die mit „GOTT LIEBT DICH" beschriftet ist. Gott selbst hat sie dort abgelegt, und er hat den Schlüssel behalten, sodass ich sie nicht loswerden könnte, selbst wenn ich es wollte. Ich habe es schon manchmal gewollt, aber er hat mich nie gelassen, Gott sei Dank.

Dasselbe galt für Gottes Volk, die Israeliten, durch das ganze Alte Testament hindurch. Gott gab sie niemals auf. Hier, als Gideon (eine meiner großen Lieblingsgestalten) sich anschickt, die biblische Bühne zu betreten, hat das Volk sieben Jahre elender Verarmung unter der Hand der mächtigen Midianiter hinter sich. Was für ein Dasein! Wie demütigend für ein einst so stolzes Volk, sich jetzt in Berghöhlen zu verkriechen oder ängstlich über Festungsmauern zu spähen und zu wissen, dass sich ohne Gott niemals etwas ändern würde, wie hart sie auch arbeiten oder kämpfen mochten.

Diese Leute hatten sich selbst in ein Gefängnis der Angst und Bedrückung begeben, indem sie unbedingt den Verrat begehen mussten, die falschen Götter der Amoriter anzubeten, aber nun hatten sie genug. Wie der verlorene Sohn kamen sie zur Besinnung und schrien zu dem einzigen wahren Gott, er möge kommen und sie noch einmal retten. Als Antwort sprach Gott leidenschaftlich zu ihnen über ihren Ungehorsam, und dann entwarf er, weil er nie aufgehört hatte, sie zu lieben, einen Befreiungsplan und schickte einen Engel nach Ofra, um diesen Plan ins Werk zu setzen.

Ich habe mich selbst im Laufe der Jahre auch schon in ähnliche Situationen verstrickt. Wahrscheinlich geht es Ihnen ebenso. Es ist so leicht, die geistliche Münze, die Gott uns gibt, zu nehmen und für Dinge auszugeben, die ihm nicht gefallen und die schlecht für uns sind. Langsam, beinahe unmerklich, verändern sich unsere Prioritäten, wenn die falschen Götter unserer Zeit ihre fetten, zufriedenen Leiber auf die Throne unseres Lebens platzieren.

Die Fäulnis setzt ein. Wir werden ängstlich und unzufrieden. Es sind zu viele Feinde da, und wir sind zu schwach, um ihnen zu widerstehen. Wenn wir den Tiefpunkt erreichen, fangen wir an, uns zu fragen, ob Gott uns überhaupt noch lieben kann, wo wir doch so lange fern von ihm waren. Zögernd strecken wir die Hände nach ihm aus und hoffen verzweifelt, dass er sie ergreifen wird. Ist es möglich, von der Furcht zur Liebe zurückzukehren? Gideons Geschichte besagt, dass die Antwort auf diese Frage „Ja" lautet, aber sie erinnert uns auch daran, dass Gottes Befreiungspläne (einschließlich des wichtigsten von allen) fast immer mit etwas sehr Kleinem beginnen.

Beten Sie mit mir

Vater, eine Menge von deinen alten Freunden haben sich weit von dir entfernt. Einige von ihnen lesen jetzt dieses Buch. Einige davon sind Leute, die wir kennen. Willst du in ihr Leben zurückkehren und ihnen jetzt helfen? Sie sind wirklich sehr unglückliche kleine Israeliten, Herr. Nichts klappt richtig in ihrem Leben – es ist ein einziges Verstecken und Abwehren und Scheitern und Verzweifeln. Es war verrückt von ihnen, die Rechnung ohne dich machen zu wollen. Wir schreien um ihretwillen zu dir, Vater, und könntest du sie bitte ermutigen, auch um ihrer selbst willen zu dir zu schreien? Wir wissen, dass du ihnen vergeben wirst. Wir wissen, dass du dich mit ganzem Herzen danach sehnst, sie wieder in die Arme zu schließen.

Etwas Kleines für die Verlorenen, Herr? Amen.

Montag
Wenn es brenzlig wird

Der Engel des Herrn kam und setzte sich unter die Eiche bei Ofra, die dem Abiësriter Joasch gehörte. Sein Sohn Gideon war gerade dabei, in der Kelter Weizen zu dreschen, um ihn vor Midian in Sicherheit zu bringen. Da erschien ihm der Engel des Herrn und sagte zu ihm: Der Herr sei mit dir, starker Held.

Doch Gideon sagte zu ihm: Ach, mein Herr, ist der Herr wirklich mit uns? Warum hat uns dann all das getroffen? Wo sind alle seine wunderbaren Taten, von denen uns unsere Väter erzählt haben? Sie sagten doch: Wirklich, der Herr hat uns aus Ägypten herausgeführt. Jetzt aber hat uns der Herr verstoßen und uns der Faust Midians preisgegeben.

Da wandte sich der Herr ihm zu und sagte: Geh und befrei mit der Kraft, die du hast, Israel aus der Faust Midians! Ja, ich sende dich.

Er entgegnete ihm: Ach, mein Herr, womit soll ich Israel befreien? Sieh doch, meine Sippe ist die schwächste in Manasse, und ich bin der Jüngste im Haus meines Vaters.

Doch der Herr sagte zu ihm: Weil ich mit dir bin, wirst du Midian schlagen, als wäre es nur *ein* Mann.

Richter 6,11-16

Ich nehme an, Engel gewöhnen sich daran, verrückt klingende Befehle auszurichten, ohne Fragen zu stellen. Diesem hier muss die Spucke weggeblieben sein, als ihm aufgetragen wurde, hinzugehen und ausgerechnet Gideon als „starken Helden" anzusprechen. Gideon war alles andere als beeindruckt, nicht wahr? Das wäre mir auch so gegangen, wenn ich das unbedeutendste Mitglied der unbedeutendsten Familie in der ganzen Gemeinschaft gewesen wäre und irgendein Fremder mit fortgeschrittener religiöser Manie mir feierlich verkündet hätte, ich würde die gesamte feindliche Armee besiegen, als wäre sie nur ein Mann. Ich hätte sofort beim nächsten psychiatrischen Krankenhaus angerufen und denen gesagt, sie sollen ihre Patienten zählen. Und selbst wenn das tatsächlich ein Bote des Herrn gewesen wäre, so hätte es in letzter Zeit wenig Hinweise darauf gegeben, dass Gott die Macht oder die Neigung besaß, einzugreifen, wie er es in der Vergangenheit getan hatte.

Gideon verlangte einiges an Überzeugungsarbeit, und ich kann es ihm nicht verübeln. Ich weiß, wie man sich fühlt, wenn man innerlich auf Versagen programmiert ist. Ich habe mich selbst schon klein und nutzlos gefühlt. Ich habe die nagende Furcht verspürt, dass ich, wenn es einmal so richtig heiß und brenzlig wird, die Leute im Stich lassen werde, die am meisten von mir abhängig sind. Manchmal, meistens mitten in der Nacht, ergreift mich Panik, wenn meine Vorstellungskraft mir grausige Szenen vorspielt, in denen Mitglieder meiner Familie entsetzliche Tode sterben, während ich unnütz danebenstehe, gelähmt von Furcht und dem Gefühl der Unzulänglichkeit. Eigenartigerweise sind diese Ängste zwar durchaus echt, doch in der einzigen Situation, in der ich bisher in dieser Hinsicht auf die Probe gestellt wurde, wies meine Reaktion darauf hin, dass sie möglicherweise völlig unbegründet sind. Mir ist klar, dass dieser Vorfall als ziemlich trivial erscheinen wird, besonders für diejenigen Leser, die schon Leute aus brennenden Häusern gerettet und mit menschenfressenden Tigern gerungen haben, aber für mich hat er eine Menge bedeutet.

Bridget und ich waren eines Morgens in ein nahegelegenes Dorf gefahren, um eine traditionelle Teestube zu besuchen, in der es unserer unmaßgeblichen Meinung nach die besten Getränke und Kuchen von Sussex gab. Es war uns ein besonderes

Anliegen, dass dieser Ausflug ein Erfolg würde, weil unser letzter Besuch in diesem vorzüglichen Lokal ziemlich abrupt zu Ende gegangen war, nachdem Baby Katy sich mit maximaler Streuweite erbrochen hatte. Die Plass-Kinder waren schon immer sehr großzügig mit ihrem unverdauten Mageninhalt, und Katy war keine Ausnahme. Sie teilte den ihren freigebig und ohne Ansehen der Person mit so vielen unserer Mitgäste, wie sie in einem unbewusst kunstvollen, zentrifugal drehenden Erguss erreichen konnte. Die Besitzer benahmen sich sehr nett. Sie drängten uns, bald wiederzukommen, doch als wir die Hülse unserer kleinen, grünen Tochter aus der etwas bedrückten, sumpfartigen Atmosphäre entfernten, die sie erzeugt hatte, hegten wir unsere Zweifel, dass wir je hierher zurückkehren würden.

Und nun, angelockt von niederen Gelüsten nach mehr von diesem hervorragenden Kuchen, waren wir wieder da!

Diesmal musste Katy sich *nicht* erbrechen, und wir jubelten über unsere völlige Rehabilitierung. Wir übertrieben es ein wenig mit dem Jubeln. Oder besser gesagt, ich übertrieb es. Auf dem Weg zum Auto, angefüllt mit Tee und Kuchen, vollführte ich einen kleinen Freudensprung mit Katy auf dem Arm und spürte plötzlich, wie mir mein Gleichgewicht unwiederbringlich entglitt. Ich war drauf und dran, flach aufs Gesicht zu fallen und Katy zwischen meiner beträchtlichen Masse und dem harten Asphalt des Parkplatzes einzuquetschen. Nicht dass ich irgendwelche heldenhaften Beschlüsse gefasst hätte – dafür war keine Zeit. Alles, was zählte, war, dass Katy nichts passierte. Irgendwie schaffte ich es, meinen Körper sozusagen mitten im Sturz herumzudrehen, sodass ich statt auf dem Bauch auf dem Rücken landete. Mir blieb die Luft weg, und ich trug ein paar Prellungen und Abschürfungen davon, aber Katy war unverletzt, wenn auch ein wenig verwirrt über unser neues Spiel.

Am Ende war es die Beziehung, die die spontane Reaktion hervorrief, und natürlich wäre es allen Eltern, die ihre Kinder lieben, genauso ergangen.

Ich vermute, dass wir gut daran täten, uns darauf zu konzentrieren, unsere Nähe zu Jesus zu vertiefen, statt trübsinnig über die Wahrscheinlichkeit zu grübeln, dass wir ihn enttäuschen werden, denn es wird die Realität oder Nicht-Realität dieser Beziehung sein, die den Unterschied ausmacht, wenn es brenzlig wird.

Beten Sie mit mir

Vater, es wäre sehr dumm von uns, darum zu beten, dass wir in eine brenzlige Situation geraten. Wer kann unnötige brenzlige Situationen gebrauchen? Doch wir wissen, dass, wenn wir vorhaben, dir nachzufolgen, *alles Mögliche* geschehen kann, und wir möchten gerne dafür bereit sein. Wenn die Prüfungen kommen, dann gib uns, dass unsere Liebe zu dir stärker ist als unsere Furcht. Wir möchten gern so nah bei dir sein, dass wir nicht nur, wie Jesus in Getsemane, sagen können: „Nicht mein, sondern dein Wille soll geschehen", sondern es auch so meinen. Sehr viele von uns sind einfach noch nicht so weit. Bitte lehre uns individuell, wie wir das Band, das uns mit dir verbindet, stärken können. Wir werden versuchen, offener und öfter mit dir zu reden. Wir werden versuchen, mehr auf deine Stimme zu hören. Wir werden versuchen, dich in den leidenden Menschen um uns her zu erkennen. Wir werden versuchen, dir auch an dunkle und gefährliche Orte zu folgen, und dann – liegt es an dir. Amen.

Dienstag
Körperliche Angst

In jener Nacht sagte der Herr zu Gideon: Nimm das Rind deines Vaters, den siebenjährigen fetten Farren, reiß den Altar des Baal nieder, der deinem Vater gehört, und den Kultpfahl daneben hau um! Bau einen Altar für den Herrn, deinen Gott, auf der Höhe der Burg hier, entsprechend der vorgeschriebenen Ordnung, nimm den fetten Farren und bring ihn mit dem Holz des Kultpfahls, den du umhaust, als Brandopfer dar. Da nahm Gideon zehn seiner Knechte und tat, was der Herr zu ihm gesagt hatte. Weil er sich aber vor seiner Familie und den Leuten der Stadt fürchtete, es bei Tag zu tun, tat er es bei Nacht. Als die Einwohner der Stadt am Morgen aufstanden, sahen sie, dass der Altar des Baal zerstört, der Kultpfahl daneben umgehauen und der fette Farren auf dem neuerbauten Altar geopfert war. Da sagten sie zueinander: Wer hat das getan? Sie suchten und forschten nach und stellten fest: Gideon, der Sohn des Joasch, hat es getan. Die Einwohner der Stadt sagten deshalb zu Joasch: Gib deinen Sohn heraus! Er muss sterben, denn er hat den Altar des Baal niedergerissen und den Kultpfahl daneben umgehauen.

Richter 6,25-30

Wir sprechen in den Gemeinden nicht viel über die Angst vor körperlicher Gewalt, nicht wahr? Auf mein Leben hat sie einen Schatten geworfen, solange ich mich erinnern kann. Nicht dass ich irgendein Problem mit organisierter Gewalt in der Gruppe hätte. Das Rugbyspielen hat mir, als ich jünger war, so viel Spaß gemacht wie kaum etwas anderes, das ich je getan habe. Meine Angst gilt dem bewussten, böswilligen Verletzen. Wie Gideon würde ich einen Akt heroischen Widerstandes lieber im Dunkeln vollbringen, als mich offen der Vergeltung derer auszusetzen, denen ich getrotzt habe. Missverstehen Sie mich nicht. Ich bilde mir nicht ein, dass alle anderen ein gesundes Bedürfnis danach verspüren, zu Brei geschlagen zu werden, während ich ganz unverständlicherweise negativ auf diese Vorstellung reagiere. Ich spreche von einer morbiden Fixierung auf die Möglichkeit plötzlich, wie eine Katastrophe über mich hereinbrechender Gewalt, die alle meine geistigen, geistlichen und emotionalen Qualitäten zunichtemacht wie ein Stiefel Größe sechsundvierzig, der eine Schnecke zermalmt.

Ich will nicht, dass meine Schale in meine verletzlichen Teile gequetscht wird.

Ich weiß, es klingt banal, aber ich hatte schon immer mehr Angst vor der Angst als vor der Sache selbst – fürchtete schon immer die Demütigung mehr als den Schmerz. Dieser dauernde, unangenehme innere Schatten ist schon so lange ein Bestandteil meines Lebens, dass ich kaum glaube, dass ich heute noch seinen Ursprüngen auf die Spur kommen kann.

Eine Sache, die mir klar ist und die ich schon in einem früheren Buch erwähnt habe, ist, dass meine Angst vor Gewalt bei anderen zumindest teilweise einem vagen Widerwillen dagegen entspringt, mich mit der Gewalt in meinem eigenen Innern auseinanderzusetzen. Viele von uns (Christen oder nicht) bergen eine Menge unverarbeiteten Zorn in sich, der dazu neigt, sich als leichte, ständige, pulsierende Depression zu zeigen, wenn er nie ausgedrückt oder erkannt wird. Eine ganz ähnliche Gleichung gilt für den Bereich der sexuellen Eifersucht, wo die ganze Neigung zur Lüsternheit und Untreue des einen Partners aggressiv auf den anderen projiziert wird.

Verzeihen Sie mir diesen Anfall von Amateurpsychologie, aber dies sind echte, oft quälende Probleme in meinem Leben und im Leben von Leuten, die ich kenne.

Mein persönlicher Schatten verursachte mir in den sechziger Jahren, als ich ein junger Christ war, große Not. Jedermann las von Richard Wurmbrands Erfahrungen mit Folterungen in den Untergrundgefängnissen von Rumänien. Vierzehn Jahre lang weigerte er sich, seinen Glauben zu verleugnen, trotz ständiger körperlicher und geistiger Qualen, die ihm von den Agenten eines grausam bedrückenden kommunistischen Regimes zugefügt wurden.

VIERZEHN JAHRE LANG!

Ich hatte ernste Zweifel, dass ich es auch nur vier Minuten aushalten würde, besonders, falls sie irgendetwas mit meinen Zähnen anstellen sollten (haben Sie *Der Marathon-Mann* gesehen?). Ich *wusste* einfach, dass ich diese Folterkammer als militant antichristlicher, zutiefst überzeugter Aktivist der rumänischen Kommunistischen Partei verlassen würde. Mir machte es ja schon genug Angst, nur durch die von Mods und Rockern wimmelnden Straßen meiner Heimatstadt zu gehen. Ich konnte nur hoffen und beten, dass die christliche Bevölkerung von Tunbridge Wells niemals einer gewaltsamen Verfolgung ausgesetzt sein würde. Was ja auch auf den ersten Blick unwahrscheinlich erschien ...

Die Angst blieb.

Sie blieb auch während der Jahre, in denen ich mit schwer erziehbaren Jugendlichen arbeitete, von denen einige ein ausgesprochen gewalttätiges Verhalten an den Tag legten. Warum in aller Welt suchte ich mir mit dieser Schwäche ausgerechnet eine solche Arbeit? Ich glaube, die Antwort ist, dass ich mich lieber freiwillig mit dem Objekt meiner Ängste auseinandersetze, als darauf zu warten, dass das Objekt meiner Ängste sich unerwartet mit *mir* auseinandersetzt.

Die Angst blieb auch, als ich im Sommer 1993 nach Südafrika reiste. Am Abend vor meiner Abreise saß ich mit dem Gesicht in den Händen zu Hause in unserer Küche und sagte zu Gott: „Ich will nicht gehen. Ich habe Angst. Wenn sie mich nun erschießen oder aufhängen oder zusammenschlagen oder ausrauben oder ..." Da mir an dieser Stelle vorübergehend die trübsinnigen Vorstellungen ausgingen, schloss ich mit den Worten: „Und überhaupt, ich habe den Leute da gar nichts zu sagen – jedenfalls nichts Nützliches." Sofort begann eine vertraute Art von innerem Dialog zwischen mir selbst und jemandem, den ich um des Argumentes willen Gott nennen möchte.

Gott: Warum haben sie dich gebeten, nach Südafrika zu kommen?

Ich: Sie haben geschrieben und gefragt, ob ich komme und sie aufheitere.

Gott: Nun, und was ist daran verkehrt?

Ich: *(ruppig)* Nichts, schätze ich.

Gott: Nun, dann geh und tu das, so gut du kannst. Und versuch nicht, besonders clever zu sein. Sag ihnen nichts außer dem, was du über mich gelernt hast.

Ich: Also gut. Ich fahre.

Nach diesem vollkommen imaginären Dialog mit Gott fühlte ich mich schon viel besser; eine ziemlich beachtliche Leistung für einen vollkommen imaginären Dialog mit Gott, finden Sie nicht? Ich ging nach Südafrika, und ich glaube, ich konnte tatsächlich ein paar Leute aufheitern, aber die Angst war so schlimm wie eh und je. Ein paarmal lag ich fast die ganze Nacht wach, während sich vor meinem geistigen Augen Szenen der Gewalt und des Entsetzens abspielten, von denen man mir erzählt hatte oder die ich am Vorabend in Nachrichtensendungen gesehen hatte. Andere, ausgeglichenere Leute hätten wie die Babys geschlafen.

Ich konnte es nicht. Ich lag in kaltem Schweiß da. Gott hat die Angst nicht von mir genommen. Ich liebte die Leute, die ich in diesem traurigen, schönen, unruhigen Land kennenlernte, aber als meine Maschine nach dem Rückflug wieder in Heathrow landete, hätte ich beinahe den Asphalt geküsst. (Freilich ist das ein sehr *römisches* Sakrament, nicht wahr?)

Die Angst bleibt.

Ich weiß nicht, ob Gott jemals eine göttliche Operation an mir vornehmen wird. Ich wünschte, er *würde* meine Schwäche mit den Wurzeln herausreißen. Doch vielleicht wird sie immer Teil des Bündels von Stacheln in meinem Fleisch sein (hatte Paulus wirklich nur *einen* Stachel?), und wenn er sie nicht wegnimmt, dann hoffe ich, dass ich weiterhin lernen werde, wie Gideon es mit quälender Langsamkeit tat, dass Gott wirklich vertrauenswürdig ist, wie schwach ich auch sein mag, und dass Gehorsam und die richtige Art von Abhängigkeit die Dinge sind, die mich am Ende stark machen werden.

Und falls Sie nicht mit dem übereinstimmen sollten, was ich gesagt habe – bitte schlagen Sie mich nicht!

Beten Sie mit mir

Ich habe es wieder getan, Herr. Ich habe meine Bemerkungen mit einem Kalauer beendet. Das tue ich nur, weil ich nicht weiß, wie man einen Schrei schreibt. Jeder, der auch unter dieser speziellen Angst leidet, weiß über diesen Schrei Bescheid. Ich habe gerade einem Freund von der anderen Straßenseite erzählt, dass ich etwas über die Angst vor Gewalt schreibe. Er ist ein starker Charakter, wie du weißt, aber irgendwo tief in ihm entspannte sich etwas, während ich redete. Er sagte: „Unter dieser Angst leide ich auch."

Und ich wusste, dass es dieselbe Angst war. Ich sah es an seinem Gesicht. Seine Ehrlichkeit tat mir gut.

Soll ich darum beten, von dieser vierzig Jahre alten Last befreit zu werden, Herr? Ich weiß nicht, ob ich das kann. Der Rucksack ist mir angewachsen wie ein Buckel. Ich fürchte, vieles von mir würde mit abgehen, wenn du ihn mir abnähmest. Ich glaube, ich muss ihn weiter mit mir herumschleppen, aber (warte, bis ich meine Augen zu und die Zähne zusammengebissen habe) du bist der Boss. Amen.

Mittwoch
Was ist mit mir?

Da sagte Gideon zu Gott: Wenn du Israel wirklich durch meine Hand retten willst, wie du gesagt hast – sieh her, ich lege frisch geschorene Wolle auf die Tenne; wenn der Tau allein auf die Wolle fällt und es auf dem ganzen (übrigen) Boden trocken bleibt, dann weiß ich, dass du durch meine Hand Israel retten willst, wie du gesagt hast. Und so geschah es. Als er früh am Morgen hinkam und die Wolle ausdrückte, konnte er den Tau – eine Schale voll Wasser – aus der Wolle herauspressen.

Darauf sagte Gideon zu Gott: Dein Zorn möge nicht gegen mich entbrennen, wenn ich noch einmal rede. Ich möchte es nur noch dieses eine Mal mit der Wolle versuchen: Die Wolle allein soll dieses Mal trocken bleiben, und auf dem ganzen (übrigen) Boden soll Tau liegen. Und Gott machte es in der folgenden Nacht so: Die Wolle allein blieb trocken, und auf dem ganzen übrigen Boden lag Tau.

Richter 6,36-40

Vor einiger Zeit war die Regenbogenpresse voll mit Transkriptionen von Telefongesprächen, an denen Mitglieder der englischen Königsfamilie und andere Prominente beteiligt waren. Hier ist ein Telefongespräch, das dem *Daily Mirror* entgangen ist. Wir hören nur eine Seite des Gesprächs, und der Sprecher stellt sich nirgends vor, obwohl er ganz offensichtlich ein Niemand ist; doch die Person am anderen Ende der Leitung – nun, viel berühmter als er kann man nicht sein!

(Band beginnt) „Hallo, ist da Gott? ... Am Apparat? Oh, gut! Es war ungeheuer schwierig durchzukommen, weißt du ... Ja, immer wieder dieses Knistern in der Leitung, dann sagte mir jemand, ich wäre mit der falschen Abteilung verbunden, und ... Oh ja, sehr

hilfsbereit, danke, ein richtiger Eng... eine wirklich hilfsbereite Person. ... Bitte? ... Was du für mich tun kannst? Nun, nur ein paar Kleinigkeiten. Zunächst einmal: Wäre es wohl möglich, den Widerspruch zwischen Prädestination und freiem Willen aufzulösen? Zweitens: Könntest du erklären, warum ein allwissender, allmächtiger, all-liebender Gott eine Welt erschuf, die das Böse enthielt und dazu bestimmt war, in Sünde zu fallen? Drittens würde ich gerne deine Gründe hören, all das Leid zuzulassen, das Männer und Frauen seit Anbeginn der Zeit erduldet haben. Ach, und viertens: Könntest du mir sagen, warum sich die Lieferung des Porsche so verzögert? ... Du glaubst was, Gott? ... Du glaubst, diese Fragen zu beantworten würde so lange dauern, dass ich lieber *jetzt gleich* zu dir hinaufkommen sollte, damit du anfangen kannst? Haha! Der war gut, Gott! Du wusstest, dass ich eigentlich nur Spaß gemacht habe, nicht wahr? Nicht dass ich nicht mit dir zusammen sein möchte, du verstehst. Natürlich will ich das. Ich freue mich richtig darauf – in gewisser Hinsicht ... War da was? ... War da noch etwas Ernsthaftes, das ich sagen wollte? Nun, ja, da war tatsächlich etwas. Ich habe gerade die Geschichte von Gideon gelesen, und ich muss sagen, Gott, das ist einer meiner Lieblingsabschnitte in der Bibel. Wirklich inspiriert ... nein, so habe ich es nicht gemeint – natürlich ist er das. In der Bibel ist ja *alles* inspiriert, Gott. Nein, ich meinte nur, dass es eine so gute Geschichte ist ... Entschuldigung, ja, ein so guter historischer Bericht – genau das wollte ich sagen ... Was? ... Ja, natürlich gibt es noch eine Menge anderer guter Stellen ... Das Hohelied?? Ja, vorzüglich, eine sehr bewegende Dichtung, Gott, aber Gideon ist ... ja ... ja ... ja, ich glaube wirklich, die Offenbarung hat diese unheimliche Dramatik eines riesigen, unerforschten Gebirges, das seine zerklüfteten Gipfel einem dräuenden, sturmwolkenverhangenen Himmel entgegenreckt. Sehr schön ausgedrückt, Gott. Du bist sehr kreativ, weißt du ... oh, nicht der Rede wert, auch dir vielen Dank für – nun, für alles eigentlich. Äh, nur noch rasch zu Gideon, Gott. Sieh mal, ich möchte nicht, dass es so klingt, als ob ich mich beklagen wollte, aber ... Was? ... Du meinst, ich klinge, als ob ich mich gleich beklagen wollte. Nun ja, wahrscheinlich ist es wohl auch so. Es ist nur, dass ich irgendwie nicht verstehe, warum du mit Gideon so geduldig warst. Ich meine, als Erstes wollte er einen Beweis dafür, dass du *Gefallen* an ihm hattest (entschuldige mich, ich muss mich mal eben übergeben), und du gabst eine kleine Grillparty auf einem Felsen für ihn, damit er wusste, dass du *Gefallen* an ihm hattest. Und dann, als er seinen Beweis hatte, dass du Gefallen an ihm hattest, machte er sich in die Hosen, nicht wahr? ... Nein, lass mich ausreden, Gott. Dann, als du wolltest, dass er diesen Götzen niederreißt und den Kultpfahl seines alten Herrn umhaut, tat er es mitten in der *Nacht*, Gott! Warst du sauer auf ihn? Nein! Hat sein Vater ihm einen Vortrag gehalten? Nein! Und hat der arme kleine Gideon irgendwelches Zutrauen geschöpft aus all diesen Beweisen, dass du *Gefallen* an ihm hattest? Natürlich nicht. Zwei Nächte lang musstest du für ihn auf Achse sein mit seiner Wolle und dem Gras und dem Tau und dir genau merken, was nass werden und was trocken bleiben sollte, während er die ganze Nacht schnarchte wie ein Schwein, und all das nur, damit der arme, zerbrechliche kleine Bursche *absolut, definitiv, hundertprozentig sicher* sein konnte, dass du *Gefallen* an ihm hattest! ... Was ich damit sagen will? Eigentlich nichts ... Ob ich was bin? ... Eifersüchtig? Soll das ein Witz sein? Wie könnte ich auf einen schlafmützigen, vor Angst vergehenden, undankbaren, rückgratlosen Sohn eines Götzendieners wie Gideon eifersüchtig sein? Ja, ich *bin* eifersüchtig! Natürlich bin ich eifersüchtig. Wann habe ich je so viele Beweise und Ermutigung und Zuckerwatte von dir bekommen? Antworten – niemals! Nicht einen Pfifferling. Manchmal habe ich Angst, dass du dich einfach nicht für mich interessierst – nun *sag* doch was ..." (*Band endet*)

Beten Sie mit mir

Warum kommunizierst du mit uns nicht so deutlich, wie du es mit Gideon getan hast, Herr? Ja, ich *habe* den empörten Ausruf der Engel gehört, der eben durch den Himmel hallte, und natürlich haben sie ganz recht. Manchmal kommunizierst du auch heute sehr direkt – ein- oder zweimal hast du es auch mit mir getan – aber du weißt, wie ich das meine. *Weißt* du, wie ich das meine? Ich sage dir, wie ich das meine.

Gideon hatte eine große Aufgabe vor sich, sodass er allen Zuspruch brauchte, den er bekommen konnte, aber auch wir könnten ein wenig davon gebrauchen, Herr. Wie oft sagten wir zueinander: „Gott streckt uns seine Hand entgegen, um uns in jedem Bereich unseres Lebens Wegweisung und Liebe und Hilfe anzubieten. Wir müssen sie nur ergreifen." Und wir alle nicken dazu wehmütig und sagen: „Ach ja, wie wahr." Aber es ist nicht so, Herr. Was immer die Leute sagen – es ist nicht so. Viele von uns brauchen dich verzweifelt, aber sie scheinen dich nicht finden zu können.

Hier ist mein Gebet für heute, Vater. Zeige jedem von uns, was einem *echten* Kontakt mit dir im Wege steht. Sei hart. Wenn es Unreinheit oder Zorn oder Ungehorsam ist – was immer es ist, zeige es uns. Führe uns an einen Ort, an dem wir die Liebe und den Zuspruch erfahren können, die Gideon aufrecht hielten.

Danke. Amen.

Donnerstag
Gott in Aktion

Und Jerub-Baal, das ist Gideon, und alles Volk, das bei ihm war, machten sich früh auf und lagerten sich an der Quelle Harod: Das Heerlager Midians aber war nördlich von ihm, am Hügel More, im Tal. Und der Herr sprach zu Gideon: Zu zahlreich ist das Volk, das bei dir ist, als dass ich Midian in seine Hand geben könnte. Israel soll sich nicht gegen mich rühmen können und sagen: Meine Hand hat mich gerettet! Und nun rufe doch vor den Ohren des Volkes aus: Wer furchtsam und verzagt ist, kehre um und wende sich zurück vom Gebirge Gilead! Da kehrten von dem Volk 22 000 Mann um, und 10 000 blieben übrig.

Und der Herr sprach zu Gideon: Noch immer ist das Volk zu zahlreich. Führe sie ans Wasser hinab, ich will sie dir dort läutern! Und es soll geschehen, von wem ich dir sagen werde: Dieser soll mit dir gehen! – der soll mit dir gehen.

Da führte er das Volk ans Wasser hinab. Und der Herr sprach zu Gideon: Jeden, der mit seiner Zunge vom Wasser leckt, wie ein Hund leckt, den stelle gesondert für sich; und auch jeden, der sich auf seine Knie niederlässt, um zu trinken! Und die Zahl derer, die leckten, indem sie das Wasser mit ihrer Hand an ihren Mund brachten, betrug dreihundert Mann; und der ganze Rest des Volkes hatte sich auf die Knie niedergelassen, um Wasser zu trinken.

Da sprach der Herr zu Gideon: Mit den dreihundert Mann, die geleckt haben, will ich euch retten und Midian in deine Hand geben. Das ganze übrige Volk aber solle gehen, jeder an seinen Ort. Und sie nahmen die Wegzehrung des übrigen Volkes an sich und deren Hörner.

Richter 7,1-8

Gott: Gideon, ich habe nachgedacht.

Gideon: (*nervös*) Mhmmm?

Gott: Du hast doch keine Angst vor den Midianitern, oder? Ich meine, die sind nicht besonders clever, oder?

Gideon: Nein, sie sind dumm wie Bohnenstroh, habe ich gehört. Warum?

Gott: Nun, wir wollen doch nicht, dass jemand auf die Idee kommt, damit anzugeben, Israel hätte sich selbst gerettet, oder?

Gideon: Nein, um Himmels wil... Nein, natürlich nicht.

Gott: Und da hatte ich eine Idee.

Gideon: (*beunruhigt*) Oh, gut. (*Pause*) Und die wäre?

Gott: Nun, ich dachte mir, wir könnten die Armee ein wenig verkleinern.

Gideon: (*nachdenklich*) Jaaa, gar keine schlechte Idee. Es könnte nicht schaden, die Alten und die Kranken loszuwerden, und vielleicht auch die ganz Jungen. Damit wären wir ein paar Hund...

Gott: Ich dachte mir, du könntest verkünden, dass jeder, der Angst hat, nicht kämpfen muss.

Gideon: Ojemine.

Gott: (*heiter*) Das müsste einiges ausmachen, oder?

Gideon: (*mit Grabesstimme*) Oh ja. Das müsste einiges ausmachen.

Gott: Gut! Dann geh und sag es ihnen.

Gideon: Hör mal, ich gehe nur schnell mein Vlies holen und ...

Gott: Nein, nein. Kein Vlies mehr. Geh einfach und sag es ihnen. Ich warte hier. Okay?

Gideon: (*stumpf*) Okay.

(*Gideon geht langsam ab. Gott pfeift „Kämpft den guten Kampf", während er wartet. Nach etwa einer Minute ist von draußen lauter Jubel zu hören. Gideon kommt zurück, ein*

bleicher Schatten des bleichen Schattens seiner selbst, der er war,
bevor er hinausging.)

Gott: Wie lief es?

Gideon: (*schwach*) Gut.

Gott: Sind viele gegangen?

Gideon: Zweiundzwanzigtausend. (*plötzlich von Panik überfallen*) Zweiundzwanzigtausend sind nach Hause gegangen, Gott! Bist du sicher, dass das eine gute Idee war? Du schlägst doch nicht ernsthaft vor, dass ich die Midianiter mit einer Armee von zehntausend Leuten angreife, oder? Das willst du doch nicht, oder? (*Pause*) Das willst du doch, oder nicht?

Gott: (*lacht*) Die Midianiter mit einer Armee von zehntausend Leuten angreifen? Natürlich nicht!

Gideon: (*lacht auch*) Na, da bin ich aber erlei...

Gott: Nein, das sind viel zu viele.

(*Pause*)

Gideon: Ich hole mein Vlies ...

Gott: Nein, hör zu – ich habe eine wirklich gute Idee, wie wir die Armee noch weiter verkleinern können.

Gideon: (*mürrisch*) Ach ja, und die wäre? Jeder, der sich noch nie gewünscht hat, in Öl gekocht zu werden, kann nach Hause gehen? Das sollte uns auf eine sehr kleine Gruppe kompletter Idioten reduzieren.

Gott: Nein, ich habe eine wirklich interessante Idee. Führe die Zehntausend, die geblieben sind, hinunter ans Wasser und schau zu, wie sie trinken.

Gideon: Hinunter ans Wasser?

Gott: Genau!

Gideon: Und dann soll ich zuschauen, wie sie trinken?

Gott: Genau!

Gideon: Gott?

Gott: Mhmmm?

Gideon: Es sprechen sich sowieso schon viele dafür aus, mich in die Klapsmühle zu stecken, nach meinem letzten taktischen Triumph. Und jetzt schlägst du vor, ich soll hingehen und mich noch einmal auf diesen Hügel stellen und verkünden, alle Zehntausend sollen hinunter zum Wasser marschieren, damit ich ihnen beim Trinken zuschauen kann. Sie könnten sich fragen, warum ich das will, Gott. Ich weiß, ich werde mir gleich wünschen, ich hätte das nicht gefragt, aber – *warum sollte* ich wollen, dass sie so etwas tun?

Gott: Tja, weißt du, all diejenigen, die sich hinknien und direkt aus dem Fluss trinken, schicken wir nach Hause, klar? Und wir behalten die, die das Wasser aus der Hand lecken.

Gideon: (*mit einem Anflug von Hysterie*) Natürlich! Wieso bin ich nicht gleich darauf gekommen? Genau so müssen wir es machen! Ich gehe gleich los und tue es. (*Später*)

Gott: Wie steht's?

Gideon: (*trübsinnig*) Dreihundert sind noch übrig. Zelte und Vorräte für zweiunddreißigtausend für dreihundert handverleckte Männer. Gott?

Gott: Ja?

Gideon: Ich habe Angst.

Gott: Natürlich hast du Angst! Aber ich habe da eine wirklich tolle Idee.

Gideon: Oh nein, nicht schon wieder.

Gott: Doch, du machst es so: Du gehst heute Nacht getarnt in das Lager der Midianiter hinab, und wenn du dort bist ...

Beten Sie mit mir

Vater, wenn du unser Leben einmal richtig in die Hand nimmst, dann kann die Geschwindigkeit und Energie, mit der du arbeitest, geradezu verwirrend sein. Ein- oder zweimal habe ich mich schon dabei ertappt, einen Rückzieher machen zu wollen, wenn du eine Situation, in der ich steckte, beim Schlafittchen gepackt hast. Wir sehnen uns so sehr danach, aktiv mit und für dich zu arbeiten, aber die Wirklichkeit ist, gelinde gesagt, überwältigend. Hilf uns bitte, den Humor, die Zuneigung und die begeisterte Kreativität zu erkennen, von denen dein Umgang mit den Menschen oft gekennzeichnet ist.

Wir haben viele falschen Götter in dieser Zeit, doch wir müssen bekennen, dass einer der schlimmsten davon der Gott ist, der nicht lächeln kann, niemals wirklich eingreift und uns nicht mag.

Lachst du über mich? Amen.

Freitag
Ins feindliche Lager

In jener Nacht geschah es, dass Jahwe zu ihm sagte: Steh auf, geh zum Lager hinab; denn ich habe es in deine Gewalt gegeben. Wenn du dich aber davor fürchtest, hinabzusteigen, dann geh (zuerst allein) mit deinem Diener Pura ins Lager hinab und höre, was man dort redet. Dann wirst du die Kraft bekommen, zum Lager hinabzuziehen. Gideon ging also mit seinem Diener Pura bis unmittelbar an die Krieger im Lager heran. Midian und Amalek und die Leute des Ostens waren in die Ebene eingefallen, zahlreich wie die Heuschrecken, und ihre Kamele waren zahllos wie der Sand am Ufer des Meeres.

Als Gideon ankam, erzählte gerade einer dem andern einen Traum: Ich sah, wie ein Laib Gerstenbrot ins Lager Midians rollte. Er gelangte bis zum Zelt und stieß dagegen, sodass es umfiel und umgestülpt dalag. Dann brach das Zelt zusammen.

Der andere antwortete: Das bedeutet nichts anderes als das Schwert des Israeliten Gideon, des Sohnes des Joasch. Gott hat Midian und das ganze Lager in seine Gewalt gegeben.

Als Gideon die Erzählung von dem Traum und seine Deutung hörte, warf er sich nieder und betete. Dann kehrte er ins Lager Israels zurück und rief: Auf! Der Herr hat das Lager Midians in eure Gewalt gegeben.

Richter 7,9-15

Als ich neulich in Southampton war, musste mein Taxifahrer, ein Mann von Anfang sechzig, eine Weile halten, während sich vor einer Kreuzung die Fahrzeuge stauten. Ein jüngerer, ziemlich hart aussehender Mann, der irgendetwas mit seinem am Straßenrand geparkten Wagen machte, winkte und rief laut zu uns herüber.

„Loady, loady, loady!", rief er lachend.

Mein Fahrer reagierte auf diesen seltsamen Zuruf, als wäre es der komischste Witz, den er je gehört hatte. Er kurbelte die Seitenscheibe hinunter, lehnte sich hinaus, begrüßte den anderen begeistert mit steif erhobenem Arm und brüllte aus vollem Hals quer über die Straße zurück:

„Loady, loady, loady!"

Beide Männer krümmten sich geradezu vor kumpelhaftem, schenkelklopfendem Gelächter, während mein Taxi wieder anfuhr, aber ich war verwirrt. Warum brüllten zwei normale Männer einander etwas wie „Loady, loady, loady" zu? Ich meine – warum? Nicht zum ersten Mal fühlte ich mich aus dieser Welt seltsam verschlüsselter Kumpelhaftigkeit ausgeschlossen. Mir kommt es vor, als hätte ich mein ganzes Leben lang gehört, wie Arbeiter obskure Erkennungsrufe austauschten und dann in hilfloses (und, soweit es mich betrifft, unerklärliches) Gelächter ausbrachen. Nie hatte ich die Verwegenheit besessen, nach der Bedeutung dieser mystischen Ausdrücke zu fragen. Ich fühlte mich einfach nur ausgegrenzt und wie ein beschränkter Mittelklässler.

Während mein Taxi weiter dem Bahnhof entgegenjagte, bildete sich in meinem verwirrten Geist ein verblüffender, nie da gewesener Gedanke. Warum sollte ich nicht – wenigstens dieses eine Mal – herausfinden, wovon diese beiden Burschen geredet hatten? Nervös machte ich den Mund auf und betrat das Lager, in das ich nicht gehörte, stets zum Rückzug bereit, sobald Niederlage und Demütigung mich überfielen.

„Gerade eben", sagte ich, „als wir halten mussten, hat Ihnen der Mann auf der anderen Seite etwas zugerufen."

„Ja, das stimmt."

„Er hat ‚Loady, loady, loady' gerufen, nicht wahr?

„Ja, das stimmt."

„Und Sie haben ‚Loady, loady, loady‘ zurückgerufen, nicht wahr?"

„Zurückgerufen – ja, ganz richtig."

„Und dann haben Sie beide gelacht, richtig?

„Beide gelacht, ja, richtig, ja."

Ich räusperte mich, bevor ich die nächste, entscheidende Frage stellte, und bereitete mich innerlich auf das spöttische Erstaunen vor, mit dem er die Tatsache aufnehmen würde, dass es derartige Unwissenheit unter der Sonne gab.

„Ich habe mich gefragt – was bedeutet eigentlich ‚Loady, loady, loady‘?"

„Weiß ich nicht."

„Sie wissen es nicht?"

„Keinen blassen Dunst, Mann."

Ein paar Sekunden lang fehlten mir die Worte. Er wusste es nicht! Er wusste es nicht! Wie konnte er es nicht wissen? War die Welt denn tatsächlich von Irren bevölkert, die einander ohne den geringsten Grund ‚Loady, loady, loady‘ zuschrien und dann vor Lachen zusammenbrachen?

„Aber schauen Sie", sagte ich beinahe flehend, „nachdem er es gesagt hatte, haben Sie es auch gesagt, und dann haben Sie und er gelacht, als ob Sie beide wüssten, wovon Sie redeten, und …"

„Na ja, er verprügelt Taxifahrer, wissen Sie?"

„Er verprügelt …"

„Letzte Woche hat er einen von unseren Jungs verprügelt. Er besäuft sich, wissen Sie. Benimmt sich wie 'ne Sau, wenn er besoffen ist. Richtiges Miststück. Wenn so ein Kerl ‚Loady, loady, loady‘ sagt, dann fragt man ihn nicht, wovon er redet. Man sagt einfach auch ‚Loady, loady, loady‘, oder nicht?"

„Wird man ihn dafür belangen, dass er Ihren – Freund verprügelt hat?"

„Na und ob! Ich habe ihn selber angezeigt. Keiner von den anderen wollte es machen, aber ich habe gesagt, man darf solche Typen nicht einfach davonkommen lassen, also habe ich ihn angezeigt. Wenn er herausfindet, dass ich es gewesen, bin, macht er sich bestimmt auf die Suche nach *mir* und so. Aber man muss schließlich tun, was richtig ist, oder?"

„Wie viel wird man ihm wohl aufbrummen?"

Mein Taxifahrer überlegte einen Moment, dann lächelte er grimmig.

„Hoffentlich brummen sie ihm Loady, loady, loady auf ...."

„Und was hat das alles damit zu tun, dass Gideon ins Lager der Midianiter kroch?", höre ich Sie fragen. Nun, ich denke, es ist einfach so: Meine komplette Missdeutung des Loady-loady-loady-Vorfalls beruhte auf einem ekelhaften Sud aus Vorurteilen, Ängsten und irrigen Annahmen über etwas, das ich töricht und furchtsam für *die Art, wie Arbeiter miteinander umgehen*, hielt. Bei dieser seltenen Gelegenheit, als ich, indem ich die Frage stellte, tatsächlich in das Lager derer eindrang, von denen ich mich bedroht fühlte, entdeckte ich, dass sehr komplizierte Probleme dahintersteckten und dass die beiden Männer, die mir wie vollkommen gleichförmige Steine in einer Mauer erschienen waren, in Wirklichkeit gar nicht unterschiedlicher hätten sein können.

Es könnte nützlich sein, daran zu denken, dass der Weg zur Freiheit von Angst manchmal einen Ausflug mitten ins Herz dessen beinhaltet, was uns bedrohlich erscheint. Und genau dort könnten wir wie Gideon eine neue Wahrheit entdecken, die uns mit Hoffnung erfüllt. Und wenn irgendjemand von Ihnen die Bedeutung von „Loady, loady, loady!" kennen sollte – bitte lassen Sie es mich wissen.

Beten Sie mit mir

Was hältst du von deiner schlaffen alten Gemeinde, Herr? Ich weiß, dass du sie liebst und hegst, aber du musst doch allmählich genug haben von unserem Widerwillen, unbekannte oder bedrohliche Pfade zu beschreiten, weil wir uns vor Leuten oder Situationen fürchten, die uns fremd sind. Ich fürchte fast, wenn Jesus heute als Mensch zurückkäme, wäre er in der Gemeinde nicht viel populärer, als er es vor zweitausend Jahren war. Würde ich ihm durch die rauen Kneipen und die Homosexuellenclubs folgen, wenn er mich dazu aufforderte? Ich weiß es nicht, Herr. Ich weiß es einfach nicht.

Wir beten um Weisheit und Mut – Weisheit, damit wir wissen, wann die Zeit gekommen ist, das Lager des Feindes zu betreten, und den Mut des Heiligen Geistes, damit wir dann auch fähig sind, es zu tun. Vergib uns unsere Furchtsamkeit, Herr. Amen.

P.S.: Ich bin nicht sicher, ob ich wirklich will, dass du dieses Gebet erhörst.

Samstag
In die Schlacht

Gideon teilte die dreihundert Mann in drei Abteilungen und gab allen Männern Widderhörner und leere Krüge in die Hand; in den Krügen waren Fackeln.

Er sagte zu ihnen: Seht auf mich und macht alles ebenso wie ich! Passt auf: Ich gehe nun an den Rand des Lagers (der Midianiter), und das, was ich mache, müsst auch ihr machen. Wenn ich und alle, die bei mir sind, das Widderhorn blasen, dann müsst auch ihr rings um das ganze Lager eure Hörner blasen und rufen: Für den Herrn und Gideon!

Gideon und die hundert Mann, die bei ihm waren, gelangten zu Beginn der mittleren Nachtwache an den Rand des Lagers (der Midianiter); man hatte gerade die Wachen aufgestellt. Sie bliesen das Widderhorn und zerschlugen die Krüge, die sie in der Hand hatten. Nun bliesen auch die beiden anderen Abteilungen ihre Hörner, zerschlugen die Krüge, ergriffen mit der linken Hand die Fackeln, während sie in der rechten Hand die Widderhörner heilten, um zu blasen, und schrien: Das Schwert für den Herrn und Gideon! Dabei blieben sie rings um das Lager stehen, jeder an dem Platz, wo er gerade war. Im Lager liefen alle durcheinander, schrien und flohen. Als die dreihundert Männer ihre Hörner bliesen, richtete der Herr im ganzen Lager das Schwert des einen gegen den andern.

Richter 7,16-22

Auf der Liste der Fragen, die ich Gott stellen werde, wenn ich in den Himmel komme (Sie sollten erst einmal die Liste sehen, die er für mich hat), lautet die Nummer 31.974 folgendermaßen:

„Warum besteht dein Umgang mit den Menschen aus einer

so seltsamen Mischung aus übernatürlichem Erfindungsreichtum und praktischer Vernunft?"

Dieser Angriff Gideons ist ein sehr gutes Beispiel. Wie wir gesehen haben, war Gott sehr daran gelegen, dass die Israeliten sich am Ende nicht gegenseitig auf die Schultern klopfen sollten, nachdem die Midianiter besiegt waren. Es war eine göttliche Initiative unter Verwendung eines sehr widerwilligen Führers, der erst einmal dazu „gevliest" werden musste, zu glauben, dass er wirklich mit Gottes Unterstützung rechnen konnte.

Doch die ganze Sache mit der Verringerung der Armee beruhte nicht auf himmlischer Eitelkeit. Als Erstes wurden die „Zitterer" entfernt. Damit blieben Gideon zehntausend Mann, die entweder sehr tapfer oder sehr dumm waren. Die nächste Ausleseübung entfernte die Dummen. Die Männer, die niederknieten und direkt aus dem Wasser tranken, waren offensichtlich weniger umsichtig und wachsam als jene, die, weil sie in aufrechter Position aus ihren Händen leckten, einen Überraschungsangriff sehen konnten und somit eine Chance hatten, ihm zu widerstehen.

Die Streitmacht der Israeliten war auf dreihundert Mann zusammengeschmolzen, doch dies muss eine Truppe von auserlesenen Kämpfern gewesen sein. Als Gideon die Verteilung der Krüge, Fackeln und Posaunen organisierte (klingt wie ein abendlicher Straßeneinsatz der Heilsarmee, nicht wahr?), um die Ausführung dieses verblüffend einfallsreichen Schlachtplans vorzubereiten, wusste er, dass er die Besten hatte. Nicht die meisten – aber die Besten.

Was für ein Schock muss es für die schlafenden Midianiter gewesen sein, als sie plötzlich von Geräuschen und Licht umzingelt waren, wo eben noch alles still und dunkel gewesen war. Die Moral im feindlichen Lager war ohnehin schon auf dem Tiefpunkt, wie Gideons heimlicher Lauschangriff zutage gebracht hatte. Kein Wunder, dass die feindlichen Krieger mit ihren Schwertern aufeinander losgingen, verwirrt und in Panik versetzt durch einen Angriff, der von allen Seiten und selbst aus ihrer Mitte zu kommen schien.

Gideon hatte es geschafft. Gott muss erschöpft gewesen sein.

Aus der Geschichte von Gideon lassen sich einige sehr interessante und vielleicht bedeutsame Prinzipien ableiten:

1. Es ist Gott, der die Schlachten initiiert, an denen wir beteiligt sind, nicht wir. Die Gemeinde verschwendet entsetzlich viel Zeit mit selbstgeschmiedeten Plänen.
2. Gott sucht für die großen Aufgaben schwache und furchtsame Leute aus. Das können wir ermutigend oder erschreckend finden – oder beides.
3. Die Anerkennung gebührt Gott, nicht der anglikanischen Kirche, nicht der evangelischen Allianz, nicht Gideon, nicht Adrian Plass. Gott siebt Leute und Institutionen durch, bis sie als die reinste, schlichteste Einheit erscheinen, die geeignet ist, einen göttlichen Auftrag auszuführen.
4. Gott denkt viel praktischer als wir. Die Art und Weise, wie er uns vorbereitet, mag uns bisweilen merkwürdig erscheinen, doch das Ergebnis wird etwas sein, das in der wirklichen Welt *funktioniert*. Die meisten Wunder ereignen sich in dem Prozess, der uns zu dem Glauben führt, dass Gott da sein wird, wenn wir ihn am meisten brauchen.
5. Die Schlacht wird gewonnen werden.

Fasst Mut, meine Mit-Furchtsamen. Wenn Gideon es geschafft hat, können wir es auch – nicht wahr?

Beten Sie mit mir

Vater, wir möchten gern auf die Lektionen antworten, die du uns durch diese außergewöhnliche Geschichte gelehrt hast.

Zeig uns, was du tun willst, und wir wollen uns anschließen. Lass nicht zu, dass wir uns in seltsame und wunderbare Pläne versteigen, die nicht deiner Absicht entsprechen.

Du suchst dir schwache und furchtsame Leute aus, um deine Pläne auszuführen. He – diesmal sind wir qualifiziert!

Gib uns die Geduld, das Training und „Durchsieben" zu akzeptieren, durch das du uns auf die Aufgabe vorbereitest. Erinnere uns daran, dass die Ehre dir gebührt.

Danke für die kraftvolle Mischung aus Übernatürlichem und Praktischem, durch die sich dein Vorgehen von dem der Welt unterscheidet.

Wir wissen, dass der Krieg bereits gewonnen ist, Herr, aber bitte gib uns einen Platz in der letzten Schlacht. Wir möchten bei dir sein, wenn du siegst. Amen.

DIE JÜNGER:
EIN WILDER HAUFEN

Sonntag
Zauberei oder Barmherzigkeit?

Als sie zurückkamen, begegneten sie einer großen Zahl von
Menschen. Da trat ein Mann auf ihn zu, fiel vor ihm auf die Knie
und sagte: Herr, hab Erbarmen mit meinem Sohn! Er ist mondsüch-
tig und hat schwer zu leiden. Immer wieder fällt er ins Feuer oder
ins Wasser. Ich habe ihn schon zu deinen Jüngern gebracht, aber
sie konnten ihn nicht heilen. Da sagte Jesus:
   O du ungläubige und unbelehrbare Generation! Wie lange muss
ich noch bei euch sein? Wie lange muss ich euch noch ertragen?
Bringt ihn her zu mir! Dann drohte Jesus dem Dämon. Der Dämon
verließ den Jungen, und der Junge war von diesem Augenblick an
geheilt.

Matthäus 17,14-18

Ich frage mich, ob es die Leidenschaft dieses verzweifelten Vaters war, die den Jüngern den Wind aus den Segeln nahm. Ich
wette, sie schwärmten herum wie Power-Evangelisten. Sehen Sie
sie auch vor sich, wie sie hier einen Dämon austreiben, dort eine
chronische Krankheit heilen – freigebig mit Wundern um sich
werfen wie gottgesandte Wohltäter? Was musste das für eine Erfahrung sein, die Macht und Autorität zu besitzen, Menschenleben so schlagartig und wirksam zu verändern. Eine Zeitlang
muss es ihnen ganz leichtgefallen sein. Jeder Schuss ein Treffer.

Vielleicht haben sie sich von diesem „David-Copperfield"-Aspekt ihres Dienstes ein wenig zu sehr hinreißen lassen.

Dann kommt plötzlich dieser verzweifelte Vater daher, voll drängenden Leides und unbeeindruckt von der Macht, die irgendjemand haben mag, es sei denn, sie könnte seinem geliebten Sohn helfen. Ob wohl die ungezügelte Not dieses Bittstellers die Grundfesten des Glaubens der Jünger erschüttert, die gelegt worden waren, als sie mit ihrem Meister unterwegs waren und redeten?

Und wenn es nun diesmal nicht klappte?

Wenn es nun mit dem Jungen schlimmer wurde statt besser?

Wie sollte dieser Mann damit fertig werden, wenn seine letzten Hoffnungen zerstört würden?

Was würde das „Publikum" dazu sagen, wenn die großen Heiler versagten?

Das ist vielleicht Spekulation, aber dieses besondere Szenario hat sich, mit kulturbedingten Variationen, immer aufs Neue wiederholt in den zweitausend Jahren, als die Jünger Jesu die Sache zum ersten Mal vermasselten. Dienst ohne Barmherzigkeit ist auch heute noch an der Tagesordnung und wird auch heute mit ebenso großer Wahrscheinlichkeit angesichts krasser, absoluter Not scheitern. Viele Leute, die von ihrem sicheren Platz auf der Bühne aus mit völliger Gewissheit sprechen, sind total hilflos, wenn sie plötzlich jenen lästigen Leuten gegenüberstehen, die geglaubt haben, was man ihnen sagte, und nun schlicht und einfach die praktische Hilfe einfordern, die man ihnen theoretisch so kühn gepredigt hat. Ich bin ganz sicher, dass durch meine Feigheit, wenn es darum geht, jemandem, der meine Worte ernst genommen hat, an Ort und Stelle Gebet und Hilfe anzubieten, meine Arbeit manches Mal in ihrer Effektivität verwässert wurde.

Ich werde rot, noch während ich dies schreibe.

Beten Sie mit mir

Vater, ich sehe so viel Versagen in christlichen Diensten, über das wir kaum jemals sprechen. Macht es dich sehr traurig oder sehr ängstlich oder beides, wenn Leute ihren Mut verlieren wie ich oder wenn sie versuchen, die Macht des Heiligen Geistes nachzuäffen, um religiöse Zaubertricks vorzuführen? Immer dieser eigenartige Tonfall, die seltsamen Gesten und Ausdrücke und die Ausreden und Rationalisierungen, wenn es „nicht funktioniert" – wie sollen wir mit alledem umgehen, Herr?

Wohne in uns mit deiner wahren Fürsorge, Jesus. Mach uns in deinem Namen freimütig und ehrlich. Lass deine Barmherzigkeit durch unsere Hände und durch unser Leben fließen. Keine Spielchen mehr, ja? Keine Spielchen mehr, durch die wir leidende Menschen im Stich lassen. Wir treten zur Seite, Herr. Amen.

Montag
Glaube wirkt, nicht Werke

Als die Jünger mit Jesus allein waren, wandten sie sich an ihn und fragten: Warum konnten denn wir den Dämon nicht austreiben?
Er antwortete: Weil euer Glaube so klein ist. Amen, das sage ich euch: Wenn euer Glaube auch nur so groß ist wie ein Senfkorn, dann werdet ihr zu diesem Berg sagen: Rück von hier nach dort!, und er wird wegrücken. Nichts wird euch unmöglich sein.

Matthäus 17,19-21

Glaubten die Jünger etwa, Jesus würde sie auf irgendeinen kleinen Fehler in ihrer Heiltechnik aufmerksam machen – irgendetwas, das sie beim nächsten Mal ändern könnten? Warum klammern wir uns so sehr an den Glauben, dass Gott anfangen wird zu wirken, wenn wir uns in irgendeiner Weise ändern? Rühren die folgenden Worte eine Saite bei Ihnen an?

Wenn ich dieses Haus erst einmal richtig saubergemacht habe, glaube ich ehrlich, wird es bergauf gehen.
Wenn ich erst einmal jedes einzelne Möbelstück hervorgezogen und mit einem Scheuertuch und einem starken Putzmittel bearbeitet habe,
dann werde ich, glaube ich, auch den Rest meines Lebens in den Griff bekommen.
Wenn ich erst einmal alles in getrennte Haufen geschichtet habe, von denen jeder nur ein und dasselbe Ding enthält (wenn du weißt, was ich meine),
dann werde ich zurechtkommen.

Wenn ich erst einmal eine Liste geschrieben habe, auf der absolut alles steht,
wird mir, glaube ich, die ganze Sache viel klarer werden.
Wenn ich erst einmal Zeit finde, mich langsam von einem Punkt zum nächsten durchzuarbeiten,
dann wird sich bestimmt alles ändern.
Wenn ich mich erst einmal mehr als anderthalb Wochen lang vernünftig ernährt habe,
wenn ich mir erst einmal über die Dinge klar geworden bin, die meine Schuld sind,
wenn ich mir erst einmal über die Dinge klar geworden bin, die nicht meine Schuld sind,
wenn ich erst einmal mehr Zeit damit verbracht habe, nützliche Bücher zu lesen,
mit Leuten zusammen zu sein, die ich mag,
an Töpferkursen teilzunehmen,
an die frische Luft zu gehen,
Brot zu backen,
weniger zu trinken,
mehr zu trinken,
ins Theater zu gehen,
ein Kind aus der Dritten Welt zu adoptieren,
Eier von frei laufenden Hühnern zu essen
und lange Briefe zu schreiben,
wenn ich erst einmal jedes einzelne Möbelstück *ganz herausgezogen*
und dieses Haus richtig saubergemacht habe,
wenn ich erst einmal jemand anderes geworden bin ...
dann, glaube ich wirklich, wird es bergauf gehen.

Beten Sie mit mir

Ich nehme an, es ist eigentlich eine gute Sache, Vater, dass nicht allzu viele von uns tatsächlich einen Glauben *haben*, der so groß ist wie ein Senfkorn. Kannst du dir vorstellen, wie all die riesigen Naturgebilde der Welt wild hin und her rutschen, weil verantwortungslose Christen ihren Glauben ausüben, als spielten sie ein kosmisches Computerspiel? Oder vielleicht ist der Glaube immer automatisch mit Reife verbunden – nein, vielleicht doch nicht ...

Aber ernsthaft, Herr, wenn wir akzeptiert haben, dass wir niemals vollkommen genug sein werden, um alles allein zu schaffen, woher kommt dann dieser erstaunliche Glaube, von dem du sprichst? Wir erleben es heutzutage nicht oft, dass Leute Berge versetzen (nicht einmal kleine Steine). Wenn dieser Glaube ein Geschenk von dir ist, und ich glaube, dass das die Bibel sagt, dann möchten wir es gerne haben, bitte. Wenn er daher kommt, dass wir deine Stimme deutlich hören, dann öffne uns die Ohren. Wenn wir erst noch ein wenig erwachsener werden müssen, bevor uns eine so mächtige Geheimwaffe anvertraut werden kann, dann zeig uns Wege zur Reife. Gib uns Glauben, und wenn er nur ein Fünfzigstel so groß ist wie ein Senfkorn. Amen.

Dienstag
Sünde, Weizen und Errettung

Simon, Simon, der Satan hat verlangt, dass er euch wie Weizen
sieben darf. Ich aber habe für dich gebetet, dass dein Glaube nicht
erlischt. Und wenn du dich wieder bekehrt hast, dann stärke deine
Brüder.

Darauf sagte Petrus zu ihm: Herr, ich bin bereit, mit dir sogar
ins Gefängnis und in den Tod zu gehen.

Jesus erwiderte: Ich sage dir, Petrus, ehe heute der Hahn kräht,
wirst du dreimal leugnen, mich zu kennen.

Lukas 22,31-34

Jesus muss eine unvorstellbare Liebe zu diesem wilden, starken,
schwachen Kind von einem Jünger gehabt haben. In der Zeit vor
Pfingsten war Petrus immer noch sehr seiner eigenen komplexen
Persönlichkeit ausgeliefert. Vermutlich wäre er in der Lage gewesen, vollkommen zu scheitern. Wir können nur Vermutungen
anstellen, aber vielleicht gaben die Gebete seines Meisters den
Ausschlag, als er entscheiden musste, ob er nach den Verleugnungen und der Kreuzigung bei den Jüngern bleiben oder vor seinen
dunklen Erinnerungen irgendwohin fliehen sollte. Was für eine
Tragödie wäre es gewesen, wenn er den letzteren Weg einge-
schlagen hätte und nicht bei den anderen gewesen wäre, als Jesus
nach seiner Auferstehung zum zweiten Mal erschien. Zweifellos
hat Satan Simon Petrus gesiebt, doch die Liebe und die Gebete
Jesu überwanden die Macht des Bösen und das Chaos in diesem
Menschenleben.

Ich begegne einer Menge Menschen, die sich vor dem Ergebnis dieses Siebens fürchten. Es ruft eine sehr unangenehme Vorstellung wach – wie der Teufel mit einem höhnischen Grinsen

verächtlich in dem Abfall unseres Lebens herumstochert und hin und wieder etwas hervorzieht, das wir vielleicht für wertvoll hielten, und es emporhält, damit die höllischen Horden sich darüber lustig machen können. Petrus hatte wirklich geglaubt, er würde bis zum bitteren Ende hinter seinem Meister stehen, doch, wie wir bereits gesehen haben, als klar wurde, dass diese Unterstützung nur zu den Bedingungen Jesu zu erreichen war, hatte er nicht einmal mehr den Mut, zuzugeben, dass er den Mann mit den traurigen Augen, der der Sohn Gottes war, kannte.

Und das ist, wenn wir ehrlich sind, genau das, wovor viele von uns sich am meisten fürchten. Wir begehen vielleicht keine riesigen, scharlachroten Sünden, aber unsere Fähigkeit, bis zum Bodensatz unserer fehlerhaften Persönlichkeit zu sinken, ist uns nur zu schmerzlich bewusst. Schließlich fühlen wir uns vielleicht zu verhärmt und schäbig und gewöhnlich und trivial in unseren langweiligen kleinen Übertretungen, als dass wir auch nur daran denken könnten, den Kontakt zu Gott zu suchen. Es ist sehr schwierig, sich von diesem antiklimaktischen Gefühl des Versagens zu erholen.

Ich habe gestern Abend wieder zu viel getrunken.
Ich sagte, ich würde für jemanden beten, tat es dann nicht und sagte hinterher, ich hätte es doch getan.
Ich habe eine Auseinandersetzung mit meinem Mann durch Mogeln für mich entschieden.
Ich habe zu viel Zeit in der Bibelstunde damit verbracht, von dem Mädchen gegenüber zu träumen.

Ich habe immer noch meine Liste von vorgestern mit den Dingen, die bis gestern hätten erledigt sein müssen, und ich habe nichts davon getan, und nun muss ich die heutige Liste von Dingen hinzufügen, die bis morgen erledigt werden müssen, und ich habe keine Zeit, irgendetwas davon zu tun; also wird die Liste länger und länger und länger werden, je weiter mein Leben fortschreitet, und schließlich wird in meinem Haus für nichts mehr Platz sein außer für meine Liste ...

Solche öden Alltäglichkeiten.

Lassen Sie uns positiv sein. Die Bibel ist ein sehr dramatisches Buch, aber sie handelt von ganz gewöhnlichen Leuten. Als Jesus Leute wie Petrus zu sich nahm, wusste er, dass er kein Team von Superhelden unter seiner Führung hatte. Er wusste, dass der Prozess, sie zu lehren und auszubilden und auf das Kommen des Heiligen Geistes nach seinem Tod vorzubereiten, ein zähes, mühseliges Geschäft sein würde. Wir Christen leben nicht in einem Bibelmonumentalfilm von Cecil B. De Mille. Wir haben mit der Wirklichkeit zu kämpfen, und Gott weiß das.

Jesus liebte Petrus, mit all seinen Schwächen. Genauso liebt er auch uns.

Jesus betete für Petrus, dass er den Prozess des Gesiebtwerdens überleben würde. Er betet im Himmel genau in diesem Augenblick für uns und beschwört seinen Vater leidenschaftlich, auf seinen Tod am Kreuz zu schauen und nicht auf unsere gewöhnlichen oder ungewöhnlichen Sünden.

Beten Sie mit mir

Manchmal kommt mir alles so *gewöhnlich* vor, Jesus. Ich habe nicht den Eindruck, als ob ich mit meinen mageren kleinen Sünden und halbgaren Tugenden jemals in ein Buch wie die Offenbarung passen würde. Oft komme ich mir so erbärmlich vor, und ich glaube, der Teufel wäre nur gelangweilt, wenn er mich durchsieben würde. Findest du wirklich, dass es sich lohnt, zu deinem Vater für mich zu beten? Das ist in diesem Augenblick sehr ermutigend für mich, und ich möchte dir dafür danken, dass du so sehr auf meiner Seite stehst. Es bewegt mich tief, wenn ich mir vorstelle, wie du um meinetwillen ringst. Danke, Jesus. Amen.

Mittwoch
„I did it his way ..."

Da sagte Jesus zu ihnen: Ihr alle werdet in dieser Nacht an mir Anstoß nehmen und zu Fall kommen; denn in der Schrift steht:

Ich werde den Hirten erschlagen,
dann werden sich die Schafe der Herde
zerstreuen.

Aber nach meiner Auferstehung werde ich euch nach Galiläa vorausgehen. Petrus erwiderte ihm: Und wenn alle an dir Anstoß nehmen – ich niemals!

Jesus entgegnete ihm: Amen, ich sage dir: In dieser Nacht, noch ehe der Hahn kräht, wirst du mich dreimal verleugnen.

Da sagte Petrus zu ihm: Und wenn ich mit dir sterben müsste – ich werde dich nie verleugnen. Das Gleiche sagten auch alle anderen Jünger.

Matthäus 26,31-35

Wir neigen dazu, den guten alten Petrus etwas herablassend zu behandeln, nicht wahr? Oft wird er als eine Persönlichkeit dargestellt, mit der wir uns identifizieren können, als eine Art begriffsstutziger, aber liebenswerter Teddybär-Typ voller Schwächen wie wir. In Wirklichkeit war er ein ganzes Stück mutiger, als die meisten von uns es gewesen wären. Als er sagte, er sei bereit, mit seinem Meister zu sterben, meinte er das ganz ehrlich, und als die Soldaten in den Garten kamen, um Jesus zu holen, bewies er es, indem er sein Schwert zog und auf den nächsten menschlichen Gegner losstürmte.

An vielen südafrikanischen Häusern hängt außen ein Schild an der Wand mit der Aufschrift: *Sofortige bewaffnete Abwehr.* Bei meinem ersten Besuch in Johannesburg fragte ich, was diese aggressive Botschaft zu bedeuten habe. Man sagte mir, wegen der immer häufigeren Fälle von Einbruch und Gewalt gebe es eine wachsende Anzahl von Firmen, die sich auf den Schutz von Häusern spezialisiert hätten. Bewaffnete Panzerwagen seien ständig auf Patrouille und bereit, jederzeit auf Notrufe von Kunden zu reagieren. (Eine etwas beunruhigende Zusatzinformation besagte, manche dieser Firmen seien sich nicht zu schade, kleine Jungen loszuschicken, damit sie Steine in die Fenster werfen, um das Geschäft anzukurbeln!)

Petrus war ehrlich bereit, auf seine Weise eine sofortige bewaffnete Abwehr zu leisten, weil er ganz bestimmt kein Feigling im weltlichen Sinn war. Doch (und dies ist etwas, womit sich die meisten von uns identifizieren können) er wollte sich den Kontext, in dem er dienen wollte, selbst aussuchen. Nachdem Jesus nicht nur die Option der Gewalt ausgeschlossen, sondern sogar den ersten und einzigen feindlichen Verletzten *geheilt* hatte, war Petrus nicht bereit oder in der Lage, sich von seiner persönlichen Agenda des gewaltsamen Widerstandes auf den verwirrenden Kontext der freiwilligen Gefangenschaft umzustellen. Es war, als hätte einer dieser südafrikanischen Hausbesitzer angesichts eines Einbruchs jede Hilfe der Sicherheitsfirma rundheraus abgelehnt und darauf bestanden, den Einbrechern ihren gesamten Besitz auszuhändigen.

Warum in aller Welt muss Petrus in diesem Moment fieberhaft gerätselt haben, pfiff Jesus nicht die zwölf Legionen Engel herbei, die ihm doch jederzeit zur Verfügung standen?

Petrus hielt in diesem Stadium noch nichts davon, ein Narr um Christi willen zu sein.

Es ist so leicht, Gott und anderen Leuten alles Mögliche zu versprechen und anzunehmen, dass es uns erlaubt sein wird, diese

Versprechungen mit den Stärken und Techniken und Methoden zu erfüllen, die uns persönlich auszeichnen. Aber so einfach ist es nie gewesen. Gott wählt die Waffen und die Wege, während wir widerwillig dem bedingungslosen Gehorsam entgegenstolpern.

Eines der erschreckendsten Dinge an der Nachfolge Jesu ist seine Forderung, dass wir die Verantwortung dafür aufgeben, wie wir ihm helfen werden. Manche Leute, die sehr stark sind, werden sich äußerst schwach fühlen. Das ist hart, nicht wahr?

Beten Sie mit mir

Herr, manchmal bin ich davongelaufen. Hilf mir, den Mund darüber zu halten, was ich für dich tun werde, bis ich weiß, wovon ich rede. Ich weiß, was ich tun zu können glaube, aber ich möchte in der Lage sein, meine eigene Agenda zugunsten der deinen aufzugeben, und das fällt mir nicht leicht.

Vielleicht tue ich im Moment sogar mehr, als du von mir möchtest. Bitte hindere mich daran. Ich verschwende meine Zeit.

Vielleicht habe ich irgendein Talent, das auf einen ganz klaren Weg für die Zukunft hinzudeuten scheint, sodass ich etwas anderes gar nicht mehr in Betracht ziehe. Halte mich auf, wenn ich mit Scheuklappen herumlaufe, Herr. Ich verschwende meine Zeit.

Vielleicht habe ich mich so darin vertieft, alle möglichen Dinge für dich zu planen, dass ich dich gar nicht mehr frage, ob wir noch auf derselben Straße unterwegs sind. Bremse mich, Herr. Ich verschwende meine Zeit.

Vielleicht weiß ich schon länger, als ich zugeben will, dass die Zeit gekommen ist, die Wahrheit zu sagen. Hilf mir, keine Zeit mehr zu verschwenden, Herr. Amen.

Donnerstag
Gut genug?

Petrus aber saß draußen im Hof. Da trat eine Magd zu ihm und sagte: Auch du warst mit diesem Jesus aus Galiläa zusammen.

Doch er leugnete es vor allen Leuten und sagte: Ich weiß nicht, wovon du redest.

Und als er zum Tor hinausgehen wollte, sah ihn eine andere Magd und sagte zu denen, die dort standen: Der war mit Jesus aus Nazaret zusammen.

Wieder leugnete er und schwor: Ich kenne den Menschen nicht.

Kurz darauf kamen die Leute, die dort standen, zu Petrus und sagten: Wirklich, auch du gehörst zu ihnen, deine Mundart verrät dich.

Da fing er an, sich zu verfluchen, und schwor: Ich kenne den Menschen nicht.

Gleich darauf krähte ein Hahn, und Petrus erinnerte sich an das, was Jesus gesagt hatte: Ehe der Hahn kräht, wirst du mich dreimal verleugnen. Und er ging hinaus und weinte bitterlich.

Matthäus 26,69-75

Ich habe gerade ein wenig geweint, als ich diesen Abschnitt zum zigsten Mal las. Es gab zwei Gründe für die Tränen.

Erstens wurde mir plötzlich, lähmend bewusst, wie oft ich schon Jesus verleugnet habe, seit ich vor achtundzwanzig Jahren auf die Geschichte von dem Dieb am Kreuz reagierte. Auf meine eigene Art habe ich von Vorhöfen aus zugeschaut, mich in Hauseingänge zurückgezogen und heftig darauf bestanden, nichts mit alledem zu tun zu haben. Das ist nicht überraschend, da ich ein sehr fehlerhaftes menschliches Wesen bin, und das führt mich zu dem zweiten Grund für meine Tränen.

Ich weiß jetzt, dass ich Gott nichts zu bieten habe außer mir selbst und dass er dieses Selbst freudig und lächelnd willkommen heißt, aber das Kind in mir wünschte sich so sehr, *gut genug* zu sein. Es fällt mir entsetzlich schwer, zu akzeptieren, dass Gott mich im vollen Bewusstsein rief, dass ich ihn hier und da im Stich lassen und verraten würde. Wie schwer ist es doch für Leute, die so stolz sind wie viele von uns, bis in eine solche Tiefe *erkannt* zu sein – zu spüren, wie all unsere menschlichen Abwehrtaktiken, Tricks und Spiegelfechtereien allmählich von uns abgezogen werden, und die nackte Armut zu sehen, die unser wirklicher Zustand ist. Wir trauern unserer fadenscheinigen menschlichen Würde nach, noch während wir darum flehen, dass sie von uns genommen wird.

Durch zweitausend Jahre und nichts getrennt, gehen Petrus und ich und viele andere hinaus und weinen zusammen bitterlich, weil wir unseren Meister im Stich lassen und weil er schon immer wusste, dass wir das tun würden.

Kommen Sie, und begegnen Sie Jesus

Sie stehen allein vor der Tür einer riesigen, dunklen, alten Kirche, irgendwo im tiefen East Anglia. Es ist der Abend eines Wochentages im Spätherbst. Die Dämmerung ist hereingebrochen, und es erscheint höchst unwahrscheinlich, dass die Kirche in einer so verlassenen Gegend unverschlossen und verwundbar geblieben sein sollte. Doch ein kalter Novemberwind pfeift über den schlecht gepflegten Friedhof hinweg, sodass Sie beschließen, es dennoch zu versuchen. Zu Ihrer Überraschung sind sowohl die Außen- als auch die Innentüren unverschlossen, und Sie sind in der Lage, ohne Schwierigkeiten, wenn auch mit einiger Scheu, ins Innere des Gebäudes zu treten, und Sie schließen die schweren Türen sorgsam hinter sich. Sie sind ein wenig besorgt, ob vielleicht hier drinnen jemand mit etwas Wichtigem *beschäftigt* ist. Vielleicht fühlt man sich durch Ihr Eindringen gestört.

Es ist tatsächlich jemand da. Hinter dem Altargeländer, weit weg am anderen Ende der Kirche, beleuchtet von einer großen Kerze von jeder Seite, steht Ihnen ein Mann gegenüber und wartet schweigend. Irgendwie wissen Sie, dass es Jesus ist und dass er Ihnen mit eigenen Händen das Abendmahl geben möchte. Fast erliegen Sie der Versuchung zu fliehen. Es wäre so leicht, die eisenbeschlagene Eichentür aufzuziehen und durch das Portal hinaus in die kalte Nacht zu rennen. Doch stattdessen gehen Sie mit gesenktem Kopf auf den Altar zu, zu ängstlich, seinem stetigen Blick zu begegnen. Sie knien am Geländer nieder und warten, den Blick immer noch zu Boden gesenkt. Einen Augenblick später bemerken Sie, dass auch er sich niedergekniet hat. Seine Hand hebt sanft Ihr Kinn, bis Sie nicht anders können, als ihm direkt in die Augen zu blicken. Er spricht leise zu Ihnen.

Was sagt er?

Freitag
Genauso bin ich ...

Am Abend dieses ersten Tages der Woche, als die Jünger aus Furcht vor den Juden die Türen verschlossen hatten, kam Jesus, trat in ihre Mitte und sagte zu ihnen: Friede sei mit euch! Nach diesen Worten zeigte er ihnen seine Hände und seine Seite. Da freuten sich die Jünger, dass sie den Herrn sahen.

Jesus sagte noch einmal zu ihnen: Friede sei mit euch! Wie mich der Vater gesandt hat, so sende ich euch. Nachdem er das gesagt hatte, hauchte er sie an und sprach zu ihnen: Empfangt den Heiligen Geist! Wem ihr die Sünden vergebt, dem sind sie vergeben; wem ihr die Vergebung verweigert, dem ist sie verweigert.

Thomas, genannt Didymus (Zwilling), einer der zwölf, war nicht bei ihnen, als Jesus kam. Die anderen Jünger sagten zu ihm: Wir haben den Herrn gesehen.

Er entgegnete ihnen: Wenn ich nicht die Male der Nägel an seinen Händen sehe und wenn ich meinen Finger nicht in die Male der Nägel und meine Hand nicht in seine Seite lege, glaube ich nicht.

Johannes 20,19-25

Ich hatte schon immer eine Schwäche für den guten alten Thomas, aber es erscheint vernünftig, anzunehmen, dass er *eigentlich* bei den anderen in diesem verschlossenen Haus hätte sein sollen (eifrige Kricketspieler werden wissen, dass der zwölfte Mann bei allen wichtigen Spielen immer körperlich anwesend sein muss). Er war einer der ersten Anhänger Jesu – natürlich hätte er dabei sein sollen, als dieser von Freude erfüllten, staunenden Gruppe von Jüngern der Geist eingehaucht und die Macht über geistliches Leben und geistlichen Tod in die Hände gelegt wurde.

Warum war er nicht dort? Wir wissen es nicht genau, aber wir können aus dem Wenigen, das wir über Thomas wissen, erraten, dass seine Abwesenheit möglicherweise mit einer für ihn typischen negativen Einstellung dazu zusammenhing, sich (bei dieser Gelegenheit) zu versammeln.

Ehrlich, aber starrköpfig scheiterte er. Er war nicht da, als Jesus kam. Er dachte, er wusste *Bescheid*, aber er wusste nichts.

Wie seltsam wäre es für Thomas, zweitausend Jahre nach den hier geschilderten Ereignissen auf die Erde zurückzukehren und festzustellen, dass sein Name für immer mit dem Begriff des „Zweifels" verbunden ist. Ich hoffe, mir passiert so etwas nicht. Können Sie sich das Geklatsche in Kirchenkreisen in zweitausend Jahren vorstellen?

„Eigentlich kein schlechter Kerl – hat etwas von einem reizbaren Adrian, wenn Sie wissen, was ich meine."

Beten Sie mit mir

Es macht uns sehr nervös, uns von dem zu lösen, was wir sind, nicht wahr, Vater? Warum lassen wir uns von diesen dominanten Persönlichkeitszügen an der Nase herumführen? Wie interessant wäre es, zu sehen, wie sich unser Leben verändern würde, wenn wir nicht automatisch zweifeln oder ärgerlich werden oder nach Problemen suchen oder auf Abwehr gehen oder uns in Witze flüchten würden, oder was immer unsere jeweilige Spezialität sein mag. Ich glaube, Vater, der schnellste Weg, um herauszufinden, was meine gewohnheitsmäßigen Reaktionen sind, wäre, meine Familie zu fragen, aber ich habe das unangenehme Gefühl, dass sie es mir sagen würde. Ich glaube, ich weiß sowieso Bescheid! Herr, ich möchte nicht durch diese albernen Dinge gelähmt werden. Hilf mir, genug Mut zu finden, um sie einfach versuchsweise einmal wegzulassen. Amen.

Samstag
Ein wilder Haufen

Acht Tage darauf waren seine Jünger wieder versammelt, und Thomas war dabei. Die Türen waren verschlossen. Da kam Jesus, trat in ihre Mitte und sagte: Friede sei mit euch! Dann sagte er zu Thomas: Streck deinen Finger aus – hier sind meine Hände! Streck deine Hand aus und leg sie in meine Seite, und sei nicht ungläubig, sondern gläubig!

Thomas antwortete ihm: Mein Herr und mein Gott!

Jesus sagte zu ihm: Weil du mich gesehen hast, glaubst du. Selig sind, die nicht sehen und doch glauben.

Johannes 20,26-29

Seien Sie mir nicht böse, aber ich spüre einen Anfall von Symbolismus kommen (es wird meist schlimmer, wenn das Wetter wechselt). Schuld daran sind zwei Sätze in diesem Abschnitt.

„Die Türen waren verschlossen. Da kam Jesus, trat in ihre Mitte und sagte: Friede sei mit euch!"

War es nicht nett von Jesus, seinem zweifelnden Jünger eine zweite Chance zu geben, trotz der Tatsache, dass Thomas seine inneren Türen des Vertrauens verschlossen hatte? Und ich glaube wirklich, dass dieses Prinzip auch heute gültig ist, obwohl mir scheint, dass wir nicht genug Übung darin haben, unser Leben davon beeinflussen zu lassen.

Denken Sie einen Augenblick über Folgendes nach.

An früherer Stelle im Johannesevangelium hören wir Jesus zu seinen bekümmerten Freunden sagen, es werde *besser* für sie sein, wenn er gehe, denn dann könne der Heilige Geist kommen. Besser? Macht er Witze? Wovon in aller Welt redet er? Was könnte denn besser sein, als Jesus selbst leibhaftig bei uns zu haben, damit er uns leitet und berät und korrigiert und genau sagt, was wir tun sollen? Nun, so albern das klingen mag, das ist es, was der Meister gesagt hat, und darum ist das die Tatsache. Aber wie sollen wir, wenn wir ganz am Boden der Talsohle stehen, die Wahrheit dieser verblüffenden Behauptung, der Heilige Geist sei bei uns ebenso lebendig gegenwärtig, wie Jesus es bei den Jüngern war, konstruktiv begreifen?

Ich bin kein Experte für solche Fragen, aber ich habe eine Anregung für meine Brüder und Schwestern in der Möchtegern-Jüngerschaft. Ich weiß, wie wir uns manchmal furchtsam hinter verschlossenen Türen verkriechen, überzeugt davon, dass wir doch nur wieder etwas falsch machen, wenn wir uns erneut öffnen, darum habe es einfach keinen Sinn. Aber denken wir nicht, wir könnten Gott nur in der gefährlichen Außenwelt finden. Darf ich behutsam andeuten, dass gerade in der Mitte jenes verschlossenen Raumes in uns der Geist Jesu plötzlich erscheinen könnte, wie er vor zweitausend Jahren dem Thomas und den anderen Jüngern erschien, und sagen könnte: „Friede sei mit euch!"

Jesus ist sehr freundlich. Halten wir inne, und hören wir auf ihn.

Beten Sie mit mir

Vater, wir kommen jetzt, um zu deinen Füßen zu sitzen, ein verwahrloster, wilder Haufen von Männern, Frauen und Kindern, die nicht anders können, als sich selbst als ziemlich armselige Jünger zu sehen, nicht nur in den Augen der Welt, sondern auch in deinen Augen …

Warum lächelst du, Vater?

Wir schaffen es einfach nicht, weißt du. Wir schaffen es nicht, die strahlende Truppe lichterfüllter Geister zu sein, die wir für dich sein wollten. Kleine Dinge haben manche von uns zustande gebracht, kleine Erfolge – halbe Erfolge, hier und da ein Versuch oder auch gar nichts ...

Warum lächelst du uns so an, Vater?

Wir haben uns gefragt, ob es nicht etwas gibt, das wir gemeinsam als Gruppe tun könnten statt allein. Allein sind wir ein wenig ängstlich. Wenn wir alles, was wir haben, zusammenlegen, kommt vielleicht etwas einigermaßen Wertvolles dabei heraus, oder? Schlechter als bisher können wir es nicht machen ...

Warum streckst du uns deine Arme entgegen, Vater?

Es tut uns wirklich leid, dass wir so nutzlos waren. Wir sind uns alle einig, dass wir eigentlich gar nicht das Zeug zum Christsein haben ...

Warum lächelst und weinst du gleichzeitig, Vater?

FRAGEN

Sonntag
Verloren in der Menge?

Eines Tages kamen seine Mutter und seine Brüder zu ihm; sie konnten aber wegen der vielen Leute nicht zu ihm gelangen. Da sagte man ihm: Deine Mutter und deine Brüder stehen draußen und möchten dich sehen.

Er erwiderte: Meine Mutter und meine Brüder sind die, die das Wort Gottes hören und danach handeln.

Bei dem Kreuz Jesus standen seine Mutter und die Schwester seiner Mutter, Maria, die Frau des Klopas, und Maria von Magdala. Als Jesus seine Mutter sah und bei ihr den Jünger, den er liebte, sagte er zu seiner Mutter: Frau, siehe, dein Sohn! Dann sagte er zu dem Jünger: Siehe, deine Mutter! Und von jener Stunde an nahm sie der Jünger zu sich.

Lukas 8,19-21 und Johannes 19,25-27

G.K. Chesterton sagte, ein Paradox könne man definieren als „die Wahrheit, auf dem Kopf stehend". Das scheint mir besonders auf Jesus anwendbar zu sein, der gekommen ist, um die Welt auf den Kopf zu stellen. Ich habe seine – scheinbaren – Widersprüche immer äußerst interessant und lehrreich gefunden. Die Wahrheit behält ihre Substanz, aber sie ändert ihre Form, weil die Türen (wir), durch die sie gehen muss, in ihrer Höhe und Breite und allgemeinen Zugänglichkeit so unterschiedlich sind. Hier ist ein Beispiel für dieses Prinzip, und es ist vielleicht denen unter uns eine Hilfe, die befürchten, ihre Individualität könnte von dem großen allgemeinen Heilsplan verschluckt werden.

Die Geschichte aus Lukas hat mich immer sehr aufgeregt, als ich klein war. Wieso sagte dieser Jesus den Leuten, er hätte keine Mama, nach allem, was sie mit ihm durchgemacht hatte?! Ich war richtig empört um ihretwillen. Wenn er irgendeine großartige religiöse Aussage machen wollte, war das noch lange kein Grund, buchstäblich seine Mutter zu verleugnen, oder? Und was war mit seinen Brüdern? Die mussten *wirklich* sauer auf ihn gewesen sein.

Man stelle sich das vor, dachte ich. Da steht die Frau vor dem Haus, wo er wie üblich endlose Reden schwingt, schickt eine nette, freundliche Nachricht hinein, dass seine Mutter und seine Brüder draußen auf ihn warten, und dann kommt so ein käsegesichtiger Lakai heraus und richtet ihr aus, er habe keine Mutter oder Brüder, denn jeder, der tue, was Gott will, könne seine Mutter und seine Brüder sein. In meiner kindlichen Vorstellung war es sehr wahrscheinlich, dass Maria, nach dem sie das gehört hatte, hineinmarschierte, die Arme in die Hüften stemmte und ihm ordentlich die Meinung geigte.

„Ich werde dir was erzählen von wegen ‚jeder'!" – das war es, was sie meiner Meinung nach vermutlich gesagt hätte.

Die Zeit hat natürlich diese grob ehrfurchtslose Sicht der Dinge korrigiert. Als ich älter wurde und die Bibel bewusster las, spürte ich, dass Maria diesen Ausspruch ihres Sohnes vermutlich still und weise in ihrer Erinnerung bewahrt hätte, zusammen mit all den anderen Puzzleteilen, die sie im Lauf der Jahre gesammelt hatte. Etwas in den Evangelienberichten erweckte in mir die Vorstellung, dass Jesus und seine Mutter eine tiefe, warmherzige Beziehung zueinander hatten und sich mit kurzen Blicken quer durch den Raum verständigen konnten.

Dann stieß ich auf die oben zitierte Passage aus dem Johannesevangelium, und als ich von dieser zärtlichen, letzten Fürsorge für die Zukunft seiner Mutter las, wurde mir noch etwas anderes über Jesus klar. Vielleicht konnte jeder seine Mutter sein, aber dies war die erste, die er je gehabt hatte, und er liebte sie. Er war ein wahrer Mensch, und er liebte sie.

„Ich habe keine Mutter."

„Mutter, siehe, dein Sohn."

Zum ersten Mal ging mir die erstaunliche Wahrheit auf, dass der Jesus, der kosmische Wahrheiten, furchterregende Warnungen und geistliche Bomben hervorbrachte, und der Jesus, der im Augenblick seiner höchsten Qual auf das Wohlergehen seiner Mutter bedacht war, ein und dieselbe Person waren. Zum ersten Mal in meinem Leben hatte ich den Eindruck, dass meine Individualität – mein Selbstgefühl – in den Händen Gottes sicher war. Wir sind nicht nur Einheiten im Erlösungspaket, sondern warme, komplexe, bedürftige menschliche Wesen, die von ihm erkannt, geliebt und umsorgt sind, jeder auf seine eigene, besondere Weise.

Allerdings spürt man manchmal nichts davon, nicht wahr?

Beten Sie mit mir

Herr Jesus, als du vom Kreuz aus mit deiner Mutter sprachst, hast du nicht gesagt: „Meine Gnade soll dir genügen – viel Glück, wir sehen uns im Himmel." Sondern du gabst ihr einen Menschen aus Fleisch und Blut, der sich um sie kümmern und an deiner Stelle ihr Sohn sein sollte. Herr, manche von uns kommen sich in der

Gemeinde sehr verloren und unbedeutend vor. Wir brauchen das Wissen, dass du nicht nur das Universum erlöst hast, sondern dich auch um jeden einzelnen von uns kümmerst. Es kommt uns nicht darauf an, wie das geschieht, aber wenn es eine Person gibt, die uns eine Beziehung bieten könnte, die du segnen und gutheißen könntest, dann lass bitte nicht unsere Ängste und Hemmungen im Weg stehen. Ich sehe dich jetzt vor meinem inneren Auge am Kreuz. Du leidest große Schmerzen, aber als du mich siehst, entspannt sich dein Gesicht für einen Moment. Du wirst mich nie verlassen oder versäumen, aber in der Zwischenzeit gibt es für mich etwas Praktisches zu tun. Deine Stimme ist schwach vor Schmerz, darum muss ich sehr genau hinhören, um zu verstehen, was du sagst ...

Montag
Kinder der Nacht

Es war ein Pharisäer namens Nikodemus, ein führender Mann unter den Juden. Der suchte Jesus bei Nacht auf und sagte zu ihm: Rabbi, wir wissen, du bist ein Lehrer, der von Gott gekommen ist; denn niemand kann die Zeichen tun, die du tust, wenn nicht Gott mit ihm ist.

Jesus antwortete ihm: Amen, amen, ich sage dir: Wenn jemand nicht von neuem geboren wird, kann er das Reich Gottes nicht sehen.

Nikodemus entgegnete ihm: Wie kann ein Mensch, der schon alt ist, geboren werden? Er kann doch nicht in den Schoß seiner Mutter zurückkehren und ein zweites Mal geboren werden.

Jesus antwortete ihm: Amen, amen, ich sage dir: Wenn jemand nicht aus Wasser und Geist geboren wird, kann er nicht in das Reich Gottes kommen.

Johannes 3,1-5

Ich habe den Verdacht, dass in der Geschichte ein überraschend großer Teil der christlichen Gemeinde Jesus nur bei Nacht aufgesucht hat. In den herzensschweren frühen Morgenstunden oder zu Zeiten, wenn die Welt sich zurückgezogen hat wie das Meer bei Ebbe, schleichen sie sich wachsam auf Zehenspitzen in seine Gegenwart und bringen die gleiche brennende Erkenntnis mit, wer er ist, und die gleichen drängenden Fragen, die auch Nikodemus vor zweitausend Jahren mitbrachte.

Diese Armee heimlicher Bewunderer umfasst vermutlich alle Schichten, Rassen und Persönlichkeitstypen, die es je gab, aber ich möchte nur einen Augenblick über die jungen Leute unserer Zeit nachdenken und über die Schwierigkeiten, die sie damit haben, sich öffentlich zu Jesus zu stellen.

Wir Erwachsenen können da nicht helfen. Ich weiß, dass es Zeiten gegeben hat, in denen ich fröhlich alle Ideale von Wirklichkeit und Integrität eingetauscht hätte gegen das behagliche Wissen, dass meine Kinder unkomplizierte, von Neugier unberührte, eingeschriebene Mitglieder einer Chorusse singenden, Würstchen grillenden, Sex vermeidenden, die Bibel studierenden evangelikalen Gemeindejugendgruppe wären. An alledem ist natürlich nichts Falsches. Manches davon ist sogar sehr wünschenswert. Aber mir ging es dabei nicht so sehr um ihre Beziehung zu Jesus; ich wollte sie nur außer Gefahr wissen, damit ich meinen inneren Frieden hätte.

Man kann als Eltern eben nicht immer beides haben. Viele Eltern erziehen ihre Kinder zu dem Glauben, es sei gut, Fragen zu stellen und Dinge zu überprüfen und zu sein, wer sie sind. Sie haben dabei vielleicht keinen großen, durchdachten Plan, und vielleicht machen sie von Zeit zu Zeit fürchterliche Fehler, aber sie wollen wirklich, dass ihre Kinder diese Eigenschaften und dies Freiheit haben. Darum kann es sein, dass ihre Kinder sich niemals in die Sicherheit einer formalen Situation, wie ich sie oben beschrieben (oder karikiert) habe, einfügen werden. Viele Kinder ohne Gemeindekontakt sind gewiss im Laufe ihres Lebens Gott begegnet, und ihre Eltern erflehen ständig seinen Segen für sie, aber vielleicht suchen sie, zumindest fürs Erste, Jesus bei Nacht auf, und wir müssen es ihm überlassen, wie er mit ihnen umgeht. Ich glaube, viele von uns wären erstaunt, wenn sie wüssten, wie viel sich in den Herzen und Köpfen der jungen Leute ohne Gemeindekontakt tut, um die wir uns so viel Sorgen machen.

Ich möchte keinesfalls, dass jemand denkt, ich wollte gemeindefeindliche Ansichten äußern. Ich gehöre selbst zu einer Gemeinde und unterstütze sie in allen ihren Aktivitäten. Manche Jugendgruppen sind wirklich hervorragend und wichtig. Aber ich leide um die vielen, vielen jungen Leute, sowohl aus christlichen als auch aus nichtchristlichen Familien, die sich in eine solche Situation einfach nicht einfügen können *und* weiterhin sind, wer sie sind.

Christsein ist *nicht* durch den Morgen- und Abendgottesdienst definiert, so gut und notwendig sie auch sein mögen.

Christsein ist *nicht* durch eine bestimmte Art definiert, zu reden, sich zu kleiden, religiöse Dinge zu tun oder nach vagen, mittelklässlerischen Normen zu streben.

Christsein ist *nicht* durch die Mitgliedschaft im Schülerbibelkreis definiert, auch wenn die Leute dort echt und aktiv sind und viel beten.

Christsein ist *nicht* dadurch definiert, dass man seinen Klassenkameraden von Jesus erzählt, so bewundernswert und richtig das auch manchmal sein mag.

Christsein hat *nichts* damit zu tun, die Eltern zu beruhigen, indem man sich an eine bestimmte Subkultur anpasst.

Christsein hat mit einer Begegnung mit Gott zu tun. Es geht um die Notwendigkeit, sich von der negativen Vergangenheit abzuwenden. Es geht um die Notwendigkeit, sich von der warmherzigen und begeisterten Vergebung des Vaters umarmen zu lassen. Es geht um die Entdeckung, dass es möglich ist, neu anzufangen – von neuem geboren zu werden. Es geht darum, nur ein wenig von dem Opfer zu begreifen, das Jesus erbrachte, indem er am Kreuz starb. Es geht darum, eine dauerhafte Freundschaft mit diesem auferstandenen Jesus einzugehen.

Manche dieser Dinge können wir einen jungen Menschen lehren, aber die eigentlichen Verhandlungen müssen unter vier Augen zwischen ihm oder ihr selbst und dem Meister stattfinden, und manchmal muss das im Geheimen geschehen, in der Nacht.

Wir, die wir uns Sorgen machen, werden inzwischen weiter beten und unser Bestes tun, ihm zu vertrauen.

Beten Sie mit mir

Wir flehen zu dir für unsere jungen Leute, Vater – nicht dass sie sich an kulturelle oder institutionelle Erwartungen anpassen, sondern dass sie *dir begegnen*, Herr. Das ist es, was wir wollen. Ob sie auf konventionellen oder exzentrischen Wegen zu dir kommen, ist ohne Bedeutung. Entscheidend ist, dass sie zu dir kommen mit den Bedürfnissen und Fragen und Problemen, mit denen nur du fertig wirst. Manche unserer Gemeinden sind wirklich deine Repräsentanten, aber viele sind zu Museen der Langeweile verkommen. Wir Erwachsenen haben das zugelassen, und wir bitten dich um Vergebung dafür. Wir möchten die Dinge zum Besseren verändern. In der Zwischenzeit behüte und beschütze diejenigen, die abgedriftet sind, Vater. Wenn sie in der Nacht zu dir kommen, lass sie spüren, wie sehr du sie liebst. Amen.

Dienstag
Mit knirschenden Zähnen

Euch, die ihr mir zuhört, sage ich: Liebt eure Feinde; tut denen Gutes, die euch hassen. Segnet die, die euch verfluchen; betet für die, die euch misshandeln. Dem, der dich auf die eine Wange schlägt, halt auch die andere hin, und dem, der dir den Mantel wegnimmt, lass auch das Hemd. Gib jedem, der dich bittet; und wenn dir jemand etwas wegnimmt, verlang es nicht zurück. Was ihr von anderen erwartet, das tut ebenso auch ihnen.

Wenn ihr nur die liebt, die euch lieben, welchen Dank erwartet ihr dafür? Auch die Sünder lieben die, von denen sie geliebt werden. Und wenn ihr nur denen Gutes tut, die euch Gutes tun, welchen Dank erwartet ihr dafür? Das tun auch die Sünder. Und wenn ihr nur denen etwas leiht, von denen ihr es zurückzubekommen hofft, welchen Dank erwartet ihr dafür? Auch die Sünder leihen Sündern in der Hoffnung, alles zurückzubekommen. Ihr aber sollt eure Feinde lieben und sollt Gutes tun und leihen, auch, wo ihr nichts dafür erhoffen könnt. Dann wird euer Lohn groß sein, und ihr werdet Söhne des Höchsten sein; denn auch er ist gütig gegen die Undankbaren und Bösen. Seid barmherzig, wie es auch euer Vater ist!

Lukas 6,27-36

Diese berühmten Worte Jesu dröhnen durch die Jahre wie eine gewaltige Glocke, die gleichzeitig einen Triumph und eine Warnung verkündet.

Sie verkündet Triumph, weil das Prinzip der Vergebung gegenüber Feinden unter denen, die es ernst damit meinen, Jesus folgen und gehorchen zu wollen, immer noch wirksam ist. Manchmal muss es mit knirschenden Zähnen und mühsam ehrlichen Vorbehalten geschehen, doch wo immer der ehrliche Versuch, liebevoll zu sein, auf Feindseligkeit und Hass trifft, wird ein Wunder der Versöhnung ermöglicht.

Die Warnung ist für diejenigen, die auf einer Politik der Aggression und Rachsucht beharren, obwohl sie behaupten, Anhänger des christlichen Glaubens zu sein. Dies gilt natürlich auf allen Ebenen. Meine Weigerung, mein sorgsam gepflegtes Schmollen aufzugeben, mit dem ich kindischerweise auf das jüngste Kapitalverbrechen meiner Frau reagiere, unterscheidet sich im Kern nicht von größeren Konflikten, und wir werden uns alle vor demselben Richter verantworten.

Wie tragisch ist es allerdings, dass an so vielen Punkten der Geschichte und in so vielen Teilen der Welt die Bibel tatsächlich dazu missbraucht wurde, Mord, Folter, Krieg und Unterdrückung zu rechtfertigen. Ich habe zum Beispiel sowohl Südafrika als auch Nordirland besucht, um dort zu sprechen. In beiden Ländern ist der Leib Christi ein enorm positiver Einfluss, doch in beiden Fällen konnte ich die Trauer und den Zorn Gottes darüber, wie sogenanntes Christentum sich mit der Gewalt verbrüdert hat, nur erahnen. Jene, die um jeden Preis Krieg wollten, sind in die Schlacht gezogen mit der Bibel in der einen Hand und einer Knarre in der anderen, doch sie verstehen weder vom einen noch vom anderen etwas.

Bibeln und Knarren
in Händen von Narren
Stahl und Metall
reißt uns entzwei.
Richten die Blicke
auf Menschengeschicke
Bibeln und Knarren
von Anfang an dabei.

Knarren und Bibeln
durchstürmen die Zeiten
Leder und Holz
Wunden und Tränen
Verfluchen und Zielen
um Geheimnisse streiten
Knarren und Bibeln
dröhnen in Ohren.
Bibeln und Knarren
Knarren und Bibeln
Bibeln und Narren
Marotten und Knarren
Knarren und Bibeln
Bibeln und Knarren
in Händen von Narren
dröhnen in Ohren.

Keiner von uns darf es sich erlauben, einen anderen zu verurteilen, und wir tun gut daran, den Zorn Gottes zu fürchten, wenn wir uns weigern zu vergeben. Warum? Weil Gott, wenn wir unseren Feinden nicht vergeben, uns auch nicht vergeben wird. So sagt es uns Jesus hier und anderswo in der Bibel sehr deutlich.

Beten Sie mit mir

Liebender himmlischer Vater, ich möchte versuchen, diese Aufgabe anzugehen, meine Feinde zu lieben. Als Erstes werde ich ein paar Minuten still hier sitzen und mir im Geist eine Liste von Leuten aufstellen, die ich meine Feinde nennen würde. Hilf mir, dabei wirklich ehrlich zu sein. Es ist so leicht, Leute auszulassen, die ich aus meinem Bewusstsein verbannt habe, weil schon der Gedanke an sie zu viel für mich ist: Leute, von denen ich wünschte, sie wären tot; Leute, die mir wehgetan haben, als ich klein war; Leute, die mich vor anderen gedemütigt haben; Leute, die mich abgelehnt haben. Ich möchte keinen auslassen. Ich werde diese Liste jetzt durchgehen.

Lass uns das gemeinsam tun.

Ich habe es getan, Herr. Es sind eine ganze Menge, und manche von ihnen hasse ich wirklich. Aber du hast ganz deutlich gemacht, dass du mir nicht vergeben kannst, wenn ich ihnen nicht vergebe, also werde ich mit dem Prozess anfangen, selbst wenn es lange dauert, bis ich wirklich dahinterstehe. Liebe sie für mich, Herr, und bitte nimm meine Gebete für ihr Wohlergehen und ihre Sicherheit an. Mach mein Herz allmählich weich, bis ich anfange, sie mit deinen Augen zu sehen. Danke, dass du mir vergeben hast. Amen.

Mittwoch
Die unannehmbare Alternative

Weiter ist es mit dem Himmelreich wie mit einem Netz, das man ins Meer warf, um Fische aller Art zu fangen. Als es voll war, zogen es die Fischer ans Ufer; sie setzten sich, lasen die guten Fische aus und legten sie in Körbe, die schlechten aber warfen sie weg. So wird es auch am Ende der Welt sein: Die Engel werden kommen und die Bösen von den Gerechten trennen und in den Ofen werfen, in dem das Feuer brennt. Dort werden sie heulen und mit den Zähnen knirschen.

Habt ihr das alles verstanden?

Matthäus 134,47-51

Glauben Sie an den Ort, den man Hölle nennt? Macht die Vorstellung der Hölle Ihnen Angst? Macht sie Ihnen mehr oder weniger Angst als das völlige Vergessen?

Wie auch immer Sie diese Fragen beantworten mögen, es ist sehr schwer, die leidenschaftliche Dringlichkeit zu überhören, mit der Jesus darum rang, uns davor zu bewahren. Ja, falls die Hölle eine Illusion ist, ist schwer zu begreifen, warum Jesus überhaupt gekommen ist. Wozu das Evangelium predigen? Wozu die Leute warnen? Wozu von Errettung reden? Die Debatte darüber, ob es überhaupt denkbar ist, dass ein all-liebender, allmächtiger Gott jemanden ewigen Qualen unterwirft, ist ja schön und gut, aber Tatsache ist, dass Jesus gekommen ist, um uns zu zeigen, wie wir ein solch elendes Ende vermeiden können. Sollen wir ihn ignorieren?

Natürlich dürfen wir ihn nicht ignorieren, doch ebenso wenig dürfen wir die Tatsache ignorieren, dass das Gleichnis vom verlorenen Sohn aus derselben Quelle stammt, oder die Tatsache, dass viel mehr Menschen durch die Macht der Liebe zu Gott gezogen werden, als je durch die Angst vor der Hölle zu ihm getrieben wurden. Gott liebte die Welt mit solcher Leidenschaft, dass er sich erstaunlich verwundbar zeigte, damit wir gerettet werden können – er lieferte sich als ein Baby der Willkür der Welt aus.

Wie können wir die Hölle verstehen? Ich glaube nicht, dass ich sie auch nur ansatzweise verstehe, aber wenn ich in die Dunkelheit dieses Unverständnisses taste, spüre ich, wie meine Finger etwas berühren.

Als ich noch klein und verwirrt war (lange bevor ich groß und verwirrt wurde), erschuf ich mir manchmal meine eigene Hölle. Aus irgendeinem verdrehten Grund fand ich es bisweilen befriedigender, unglücklich zu sein als glücklich. Ich will Ihnen ein Beispiel geben.

An einem Winterabend, nachdem meine beiden Brüder und ich ins Bett gegangen waren, rief meine Mutter die Treppe hinauf, es käme etwas sehr Interessantes im Fernsehen (wahrscheinlich eine Naturkundesendung) und wir könnten alle aufstehen und hinunterkommen, um sie uns anzusehen. Meine beiden Brüder hüllten sich in ihre Decken und stolperten fröhlich die Treppe hinunter, um diese unerwartete Vergünstigung zu genießen. Es war wirklich etwas Besonderes, nach der normalen Schlafenszeit noch auf zu sein, besonders im Winter, wenn große Klumpen (frei Haus gelieferter!) Kohle im offenen Kamin brannten, bis sie heiß genug waren, dass man sie mit dem alten Schürhaken mit dem Messinggriff, der in das Haus meiner Großmutter gehört hatte, bevor sie starb, in lodernde Bruchstücke spalten konnte. Es war sehr behaglich im Esszimmer an solchen Abenden.

Warum also lehnte ich es ab, hinunterzugehen an diesen hellen und freundlichen und angenehmen Ort? Warum blieb ich in meinem Bett in der Dunkelheit und heulte wie ein Schlosshund, weil ich nicht an dem Ort war, wo ich sein wollte? Ich hätte doch dort sein können. Ich war eingeladen worden, dorthin zu gehen. Ich brauchte nur mein Bett zu verlassen und ein paar Schritte zu tun, und ich würde dort *sein*. Ich erinnere mich heute noch an die Verwirrung in der Stimme meiner Mutter, als sie mich fragte, warum ich weinte – und warum ich, fragte sie voll Ratlosigkeit, wenn der Grund war, dass ich nicht unten war, dann nicht nach unten *kam*? Ich konnte ihr damals nicht antworten, und ich habe auch jetzt keine befriedigende Antwort. Vielleicht werde ich eines Tages eine Erklärung für all das finden müssen.

Doch für heute biete ich Ihnen diese Geschichte einfach als ein kleines Bild für die Hölle an.

Ein anderer, noch liebevollerer Vater ruft und ruft und ruft in der Nacht nach seinen Kindern, zu ihm an einen schönen Ort zu kommen, doch Unzählige von ihnen beschließen, nicht zu kommen, und schließen sich zu seinem großen Kummer in eine unendliche Dunkelheit ein, wo man sie heulen und mit den Zähnen knirschen hört.

Beten Sie mit mir

Herr Jesus, manche Leute versuchen uns einzureden, es könne keine Hölle geben, weil Gott uns zu sehr liebe, als dass er je jemanden dorthin stecken könne. In der Vergangenheit habe ich selbst in diese Richtung gedacht. Oh Herr, es tut mir sehr leid, dass wir dein Leben und deinen Tod auf diese Weise herabgewürdigt haben. Die Wahrheit ist, dass dein Vater uns so sehr liebt, dass er einen Weg geschaffen hat, durch den jeder vor der Hölle gerettet werden *kann*. Deine Leidenschaft ist nicht verschwendet, Jesus. Wenn du sterben musstest, um mich vor der Hölle zu bewahren, was immer sie ist, dann will ich auch nicht dorthin gehen, und sie macht mir Angst.

Wir hören dich rufen, Vater. Heile diejenigen, die dir nicht antworten können, und zeige uns, wie wir die Dringlichkeit deiner Einladung weitergeben können, ohne entweder die Liebe oder die Gefahr zu verschweigen. Amen.

Donnerstag
Rollenspiele

Ihr seid alle durch den Glauben Söhne Gottes in Christus Jesus. Denn ihr alle, die ihr auf Christus getauft seid, habt Christus (als Gewand) angelegt. Es gibt nicht mehr Juden und Griechen, nicht Sklaven und Freie, nicht Mann und Frau; denn ihr alle seid „einer" in Christus Jesus. Wenn ihr aber zu Christus gehört, dann seid ihr Abrahams Nachkommen, Erben kraft der Verheißung.

Galater 3,26-29

Ich bin so froh, dass Paulus hier auch davon spricht, dass es „nicht Mann noch Frau" gibt – nicht, weil ich den Unterschied nicht zu schätzen wüsste – glauben Sie mir, das tue ich –, sondern weil ich fürchte, dass ich in mancher Hinsicht nicht den traditionellen Erwartungen an DEN MANN entspreche. Nein, tut mir leid. Keine reißerischen Enthüllungen. Ich spreche von Instandhaltungsarbeiten im Haus. Ich kann einen Stecker auswechseln und mit einem Farbpinsel wedeln, aber damit hat es sich auch schon. Sobald es um die meisten anderen praktischen Arbeiten geht, lebe ich im Mysterium. Und das wird auch nicht besser, denn sobald ich beschließe, eine neue Aufgabe anzugehen, muss ich normalerweise erst einmal in den nächsten Heimwerkerladen gehen, um Werkzeug und Material zu kaufen, und das erschüttert mein Selbstvertrauen in den Grundfesten. Es passiert nämlich Folgendes.

Wenn ich schüchtern eintrete, schleppt der Besitzer des Ladens, ein breitschultriger, ziemlich finster dreinblickender Mann mit kariertem Hemd und hochgekrempelten Ärmeln, immer – *immer* – gerade ein Holzfass voller langer Rohre von einer Seite des Ladens zur anderen. Fragen Sie mich nicht, warum – er tut es einfach immer. Während ich nervös vortrete, setzt er seine Last ab und schnalzt irritiert mit der Zunge. Er ärgert sich, weil er gerade so richtig im Rhythmus war, sein Fass hin und her durch den Laden zu tragen, und nun habe ich ihm alles verdorben. Er sieht mich an und mimt einen Mann, der einen Schubkarren hält.

„Ja?"

Ich nenne das Werkzeug, das ich brauche, und versuche dabei auszusehen wie jemand, der ein Exemplar kompetent verschlissen hat und nun ein neues braucht. Wenigstens weiß ich genau, was ich brauche. Er schnieft.

„Normal oder kalibriert?"

Was war das? Normal oder was? Ich weiß es nicht! Hilfe, ich weiß es nicht! Tu so, *als ob* du es wüsstest.

„Äh, lieber normal, denke ich."

„Normal – gut."

Er schiebt siebzehn schwere Kisten von einem Zwischenregal weg und holt dann von draußen eine Trittleiter. Das Werkzeug, das ich brauche, scheint ganz hinten auf dem obersten Regalbrett zu liegen. Dort wird alles aufbewahrt, was ich kaufe. Er klettert die Leiter hinauf. Auf einem Fuß balancierend, klemmt er seinen Kopf zwischen die Decke und das oberste Regalbrett, verzerrt sein Gesicht und grunzt gequält, als er das Werkzeug ganz hinten entdeckt, wo er es gerade noch erreichen kann. Verschwitzt und staubig klettert er wieder herunter und flucht, als er auf dem Weg nach unten einen Pappkarton mit Nägeln umstößt, sodass sich die Nägel auf dem Fußboden verteilen. Seufzend und schnaufend bringt er die Trittleiter zurück, schiebt die siebzehn schweren Kisten wieder an ihren Platz, sammelt die Nägel ein und wendet sich mir zu. Ich will gerade nach meiner Neuerwerbung greifen, als er spricht.

„Dacharbeiten, was?"

Nein! Oh Himmel, nein! Soll ich einfach den Normalen nehmen und so tun, als sei es der Richtige? Nein. Sei tapfer. Quassel nicht herum.

„Nein, äh, es ist eigentlich für eine Arbeit im Keller. Äh, Entschuldigung ..."

Er starrt mich ungläubig an, dann dreht er sich um und sieht einen kleinen, dicken, kahlköpfigen, rotgesichtigen Mann in einem blauen Overall an, der den winzigen, glühenden Rest einer selbstgedrehten Zigarette zwischen Daumen und Zeigefinger hält. Dieser Mann sitzt auf demselben Hocker neben dem Tresen und raucht dieselbe Zigarette, seit der Laden vor einer Generation eröffnet wurde. In genüsslicher Fassungslosigkeit schütteln die beiden einander die Köpfe zu, sprachlos über meine Dämlichkeit. Dann spricht der Besitzer wieder.

„Dann brauchen Sie einen Kalibrierten."

Ich krümme und winde mich vor Verlegenheit. Der rotgesichtige Mann schaut mich dick an. Rauch kräuselt sich von seiner Hand empor.

„Äh, ja. Ja, das ist richtig – kalibriert."

Nach einem kurzen, sehnsüchtigen Blick auf sein Fass mit Rohren seufzt der Ladenbesitzer und macht sich wieder an die Arbeit mit den siebzehn schweren Kisten ...

Beten Sie mit mir

Herr, manche von uns leiden sehr darunter, dass es uns so schwerfällt, uns in die Rollen einzufügen, die uns in unserer Gesellschaft traditionell zukommen. Ich weiß, dass es in meinem eigenen Leben Zeiten gegeben hat, in denen ich mich wegen der Vorstellungen anderer Leute von Männlichkeit isoliert und elend gefühlt habe. Als ich jünger war, habe ich ganze Bereiche meiner Persönlichkeit verabscheut oder verleugnet, weil sie nicht zu den Stereotypen zu passen schienen, die mir vorgehalten wurden. Heute macht mir dieses Problem nicht mehr sehr zu schaffen, aber ich kenne eine Menge Leute, bei denen es so ist. Ich möchte heute für sie beten, Vater. Ich möchte dich bitten, sie behutsam zu der Erkenntnis zu führen, dass sie wertvoll sind, so, wie sie sind, und dass letzten Endes nur zählt, wie du über sie denkst – und du machst nicht solche vereinfachenden Unterschiede. Ach, und lass sie guten Freunden begegnen, Vater. Amen.

Freitag
Furcht vor der Landung

Die Jünger des Johannes aber holten den Leichnam und begruben ihn. Dann gingen sie zu Jesus und berichteten ihm alles.

Als Jesus all das hörte, fuhr er mit dem Boot in eine einsame Gegend, um allein zu sein. Aber die Leute in den Städten hörten davon und gingen ihm zu Fuß nach. Als er ausstieg und die vielen Menschen sah, hatte er Mitleid mit ihnen und heilte die Kranken, die bei ihnen waren.

Als es Abend wurde, kamen die Jünger zu ihm und sagten: Der Ort ist abgelegen, und es ist schon spät geworden. Schick doch die Menschen weg, damit sie in die Dörfer gehen und sich etwas zu essen kaufen können.

Jesus antwortete: Sie brauchen nicht wegzugehen. Gebt ihr ihnen zu essen!

Sie sagten zu ihm: Wir haben nur fünf Brote und zwei Fische bei uns.

Darauf antwortete er: Bringt sie her! Dann ordnete er an, die Leute sollten sich ins Gras setzen. Und er nahm die fünf Brote und die zwei Fische, blickte zum Himmel auf, sprach den Lobpreis, brach die Brote und gab sie den Leuten, und alle aßen und wurden satt. Als die Jünger die übrig gebliebenen Brotstücke einsammelten, wurden zwölf Körbe voll. Es waren etwa fünftausend Männer, die an dem Mahl teilnahmen, dazu noch Frauen und Kinder.

Matthäus 14,12-21

Manche Ängste sind völlig berechtigt, und die Furcht vor einer vollkommenen Hingabe an Gott ist ein gutes Beispiel dafür. Die Entscheidung, für das Reich Gottes zu arbeiten, sollte eine sehr schwierige Entscheidung sein, denn die Anforderungen können, an menschlichen Maßstäben gemessen, unerfüllbar hoch sein. Manche modernen Evangelisten scheinen den Nachdruck vergessen zu haben, mit dem Jesus von den „Kosten" sprach. Der Sohn Gottes hat bestimmt nicht in zuckersüßem, säuselndem Tonfall „Kommt einfach, kommt nur zu Jesus" geflötet. Im vierzehnten Kapitel des Lukasevangeliums gebraucht er kräftige Metaphern vom Bauen eines Turms und vom Kriegführen, um dieses Thema zu verdeutlichen. Folgt mir nicht, sagte er, solange ihr euch nicht hingesetzt und nüchtern durchgerechnet habt, was es euch kosten wird. In unserem heutigen Abschnitt sehen wir, welches Beispiel er dafür gegeben hat.

Er beginnt damit, dass Jesus die Nachricht vom Tod seines Vetters erhält und sich mit einem Boot an einen abgelegenen Ort zurückzieht, um zu trauern. Doch die Menge ist, so viel Mitleid sie auch empfinden mag, so gierig auf seine Gegenwart wie heutzutage Musikfans auf ihre Idole. Sie folgt ihm auf den Fersen und erwartet ihn vermutlich schon in einer festgefügten, schweigenden Phalanx am Seeufer. Jesus waren wenige Pausen vergönnt, und diese hier dauerte nicht sehr lang.

Ich kann manchmal schrecklich faul sein, aber ich weiß auch, wie man sich fühlt, wenn zwei solide Blocks von Redeveranstaltungen nur durch eine Flugreise voneinander getrennt sind.

Ich kann verstehen, wenn man Angst vorm Fliegen hat,
das ist nicht witzig, wenn da oben etwas schiefgeht,
die Zahl der Möglichkeiten sinkt auf unter zwei.
Doch ich genieße diesen Frieden, nirgendwo zu sein,
das Essen abzulehnen, den Film hindurch zu schlafen,
mich über First-Class-Reisende zu ärgern,
zum x-ten Mal das Rätsel der Toilettentür zu lösen.

Das Beste ist: Ich weiß, dass die, die ich zurückließ,
nicht plötzlich hier erscheinen werden
und die, die mich erwarten, noch eine Weile warten müssen
auf Worte, Lächeln und verständnisvolles Nicken,
sie sind dort, und ich bin hier,
schwebend, träumend, schuldlos in der Luft.
Vorm Fliegen hab' ich keine Angst, aber vorm Landen.

Die bedürftige Menge beanspruchte Jesus nach seiner kurzen
Pause wieder für sich, und es hieß wieder an die Arbeit gehen,
heilen, lehren, zuhören. Man sollte meinen, als es dann Abend
wurde, wäre ihm ein wenig Ruhe zu gönnen gewesen, doch
statt den Vorschlag der Jünger anzunehmen, die Menge fortzu-
schicken, damit sie sich in den umliegenden Dörfern mit Essen
versorgte, nimmt er die Verantwortung dafür, sie zu speisen, auf
sich. Haben Sie sich schon jemals gefragt, wie *lange* es gedauert
haben muss, genügend Brot und Fisch für mehr als fünftausend
Leute zu brechen? Das war ein zeitraubendes Wunder, nach dem
ihm die Hände wehgetan haben müssen.

Zeit für eine Pause? Noch nicht. Die Jünger wurden im Boot
vorausgeschickt, während Jesus die Leute nach Hause schickte.
Wie lange das wohl gedauert hat? Wenn Sie je gesehen haben,
wie Leute sich nach einer großen Veranstaltung auf einen Redner
stürzen, dann *wissen* Sie, wie lange das dauert. Endlich waren sie
alle gegangen. Jetzt schlafen? Nein, jetzt war es Zeit, ausgiebig
zu beten. Und wenn Sie weiterlesen, werden Sie sehen, dass die
Nacht noch lange nicht vorüber war. Es gab noch eine kleine
Seenotrettungsaktion und dann – ja, erraten – wieder die Menge.

Nicht jeder ist zu einem Leben voll Mühsal und Stress berufen, denn das ist nicht immer das, was gebraucht wird, und
die meisten von uns würden das sowieso nicht schaffen. Aber die

Hingabe an Christus, die von uns gefordert ist, wenn wir von irgendwelchem Nutzen sein wollen, *ist* genau dasselbe, und wir haben recht, uns davor zu fürchten. Die Kosten sind sehr hoch.

Beten Sie mit mir

Herr Jesus, manchmal phantasieren wir darüber, große Dinge für dich zu vollbringen, doch wie bei allen Phantasien ist auch hier die Wirklichkeit eher überwältigend. Die meisten von uns sind nicht dazu in der Lage, sofort eine völlige Hingabe zu vollziehen, aber letzten Endes wollen wir dir alles geben. Führe uns Schritt für Schritt auf diesem schweren Weg, zu lernen, dass der Dienst für dich uns alles kosten wird, was wir haben und was wir sind. Danke für deine unerschütterliche Hingabe an deinen Vater und an uns, als du leibhaftig hier bei uns warst. Zeig uns durch dein Beispiel, wie wir arbeiten und ruhen und beten sollen, damit wir so nützlich sein können, wie es uns nur möglich ist. Amen.

Samstag
Opfer des Sarkasmus

Es war die dritte Stunde, als sie ihn kreuzigten. Und eine Aufschrift (auf einer Tafel) gab seine Schuld an: Der König der Juden. Zusammen mit ihm kreuzigten sie zwei Räuber, den einen rechts von ihm, den anderen links. Die Leute, die vorbeikamen, verhöhnten ihn, schüttelten den Kopf und riefen: Ach, du willst den Tempel niederreißen und in drei Tagen wieder aufbauen? Hilf dir doch selbst und steig herab vom Kreuz!

Auch die Hohenpriester und die Schriftgelehrten verhöhnten ihn und sagten zueinander: Anderen hat er geholfen, sich selbst kann er nicht helfen.

Markus 15,25-31

Soll ich Ihnen erzählen, was mich wirklich wütend macht? Wenn meine Frau und ich im Auto unterwegs sind (ich selber fahre nicht), begegnen wir hin und wieder anderen Fahrern, die auf jeden kleinen Fehler, den Bridget vielleicht macht, mit einem langsamen, schweren, mitleidig tadelnden Kopfschütteln reagieren.

„Es ist einfach zu mühselig", scheint der Vollzieher dieser grausigen, seufzenden Bewegung sagen zu wollen, „dass wir reifen, fähigen menschlichen Wesen geringere Geschöpfe wie *dich* ertragen müssen, die man ganz bestimmt *nicht* auf die Straße lassen dürfte. Wahrscheinlich bist du in jedem anderen Bereich ebenso unfähig wie dazu, ein Automobil zu führen!"

Ich wollte schon immer einmal einen dieser Kopfschüttler aus seinem Wagen zerren, ihn auf den Asphalt werfen, mich auf seine Brust knien und ihn zwingen, mir mindestens drei Bereiche zu nennen, in denen er komplett unfähig ist, damit *ich* meinen Kopf tadelnd über *ihn* schütteln kann.

Sie denken doch nicht etwa, dass ich überreagiere?

Es mag Ihnen trivial erscheinen, aber ist Ihnen klar, dass der Gott, der uns so sehr liebte, dass er sich dafür blutend an jenes Stück Holz hängen ließ, das wir das Kreuz nennen, von denen, die vorbeikamen, genau dieselbe kopfschüttelnde Behandlung erdulden musste? Er, der mit einem göttlichen, absolut fähigen Fingerschnippen zwölf Legionen von Engeln hätte herbeirufen können, damit sie die ganze Welt auf den Asphalt werfen, war bereit zu sterben, damit die, die sich über sein Scheitern lustig machten, leben konnten.

Beten Sie mit mir

Lieber Herr, heute bringen wir dir eine große Schar von Menschen, die eine tiefe Angst vor Beziehungen haben, weil sie durch den Spott und Sarkasmus anderer tief verletzt und behindert sind. Zu meiner Schande muss ich sagen, dass ich selbst wegen meiner eigenen Gefühle der Unsicherheit und Minderwertigkeit gewiss manche solcher Verletzungen verursacht habe, als ich jünger war. Lege du jetzt für mich deine Hand auf diese Verletzungen, Vater. Ich weiß, dass du nicht oft Menschen mit einem Schlag in etwas verwandelst, was sie nicht sind, aber vielleicht kann die Heilung für sie jetzt beginnen. Flüstere ihnen leise die wunderbare Wahrheit zu, dass Jesus *weiß*, wie sie sich fühlen, weil er selbst dasselbe ertragen musste. Lieber Jesus – danke. Amen.

HOFFNUNG

Sonntag
Von Liebe emporgehoben

Als Jesus von dort wegging, sah er einen Zöllner namens Levi am Zoll sitzen und sagte zu ihm: Folge mir nach! Da stand Levi auf, verließ alles und folgte ihm.

Und er gab für Jesus in seinem Haus ein großes Festmahl. Viele Zöllner und andere Gäste waren mit ihnen bei Tisch. Da sagten die Pharisäer und ihre Schriftgelehrten voll Unwillen zu seinen Jüngern: Wie könnt ihr zusammen mit Zöllnern und Sündern essen und trinken?

Jesus antwortete ihnen: Nicht die Gesunden brauchen den Arzt, sondern die Kranken. Ich bin gekommen, um die Sünder zur Umkehr zu rufen, nicht die Gerechten.

Lukas 5,27-32

Als ich sechzehn war, verabscheute ich mich selber. Ich hasste mein Gesicht und meinen Körper, ich war wegen Schwänzen aus der Schule geflogen, und ich hatte weder einen Job noch irgendwelche erkennbaren Aussichten, einen zu bekommen. Das Chaos in meinem Kopf war wirklich beängstigend.

Schlimmer noch, ich hatte eine Strategie entwickelt, in meinem Verhalten gegenüber jedem, der mich dazu brachte, mir dumm vorzukommen (also so ziemlich allen gegenüber), einen schneidenden Sarkasmus an den Tag zu legen.

Unglücklich und unangenehm, wie ich war, war ich sicherlich genau die Art Flegel, mit der mir meine Mutter sofort den Umgang verboten hätte.

Dann lernte ich ein Ehepaar kennen, das in einem abgelegenen Häuschen in der Nähe von Wadhurst wohnte. Ihr Zuhause war voller Holzfeuerstellen, Öllampen, interessanter Bücher, anregender Gespräche und (was mich angeht) völliger Akzeptanz. Murray und Vivienne nahmen die Brotlaibe und Fische meiner besseren Seite und glaubten so rückhaltlos an mich, dass zumindest in ihrer Gegenwart diese bessere Seite aufblühte und so lange wuchs, bis ich tatsächlich zu glauben begann, ich könnte etwas wert sein.

Ich erinnere mich mit großem Unbehagen daran, wie ich meine Beziehung zu Murray und Vivienne betrachtete, nachdem ich Christ geworden war. Wir drei waren es gewohnt, lange, genussvolle Gespräche über jedes Thema unter der Sonne zu führen. Manchmal unterhielten wir uns fröhlich bis in die frühen Morgenstunden und siebten verschiedene Möglichkeiten des Glaubens und der Hingabe durch, ohne ernsthaft in Betracht zu ziehen, eine davon selbst zu übernehmen. Die Neuigkeit von meiner Bekehrung nahmen sie (aus verschiedenen Gründen) mit geringer Begeisterung auf, und für ein Jahr oder länger sahen wir uns kaum.

Mein Unbehagen rührt daher, dass ich über zwanzig Jahre brauchte, bis mir klar wurde, dass Gott mir Murray und Vivienne zu einer Zeit gegeben hatte, in der ich es wirklich nötig gehabt hatte, durch ihre nahezu bedingungslose Unterstützung „gerettet" zu werden. In den Sechzigerjahren schien eine Bekehrung erforderlich zu machen, dass man jedes Erlebnis, das man in der Vergangenheit gehabt hatte oder jetzt hatte, neu klassifizierte. So waren alle Beziehungen und Ereignisse vor der Bekehrung „nichtchristlich" und schlecht (falls es nicht besondere religiöse

Ereignisse waren, die „der Herr benutzte, um einen zum Glauben zu führen"), während alles, was sich nach der Bekehrung ereignete, „christlich" und somit gut war. Heute erscheint es mir schier unfassbar, wie ich je annehmen konnte, dass Gott mit etwas so Wichtigem wie meiner Beziehung zu den Staplehursts nichts zu tun gehabt haben sollte.

Murray und Vivienne waren keine Christen, genauso wenig wie ich, als ich sie kennenlernte, aber ihre bedingungslose Unterstützung war der erste und im praktischen Sinne wirksamste Schritt zur Errettung des Adrian Plass. Heute danke ich Gott gebührend für sie, und das werde ich immer tun.

In Levis' Fall gab es keinerlei Vermittler. Seine Ermutigung kam direkt vom Meister persönlich. Jesus selbst hatte „Folge mir nach" zu diesem Mann gesagt, der bei den meisten Leuten als miese Ratte galt. Eine große Hoffnung schwoll in seinem Herzen an. Er war beinahe in jeder Hinsicht, auf die es ankam, ein Versager, aber der Herr glaubte an ihn.

Was für ein Festmahl das gewesen sein muss!

Beten Sie mit mir

Vater, es muss jede Menge Christen und Nichtchristen geben, die in diesem Augenblick die Art von Unterstützung brauchen, die ich von Murray und Vivienne bekam. Zuerst möchten wir beten, dass so viele von ihnen wie möglich einen Ort finden, wo sie lernen können, ein wenig besser von sich selbst zu denken. Bitte wecke in denen von uns, die in der Lage sind, Gastfreundschaft anzubieten, das Bewusstsein, dass du uns vielleicht gebrauchen willst. Lass unseren Dreh- und Angelpunkt die Liebe sein, nicht die Religion (ich bin sicher, du hast Murray und Vivienne für mich ausgesucht, weil sie keinerlei geistliches Jucken verspürten, sodass sie sich kratzen mussten), und wir wollen unsere Ohren so offen halten wie möglich, um deine leitende und ermutigende Stimme zu hören. Wir danken dir sehr für die Menschen, die andere aufbauen, und bitte vergib mir, dass ich deinen Gaben alberne Etiketten aufgeklebt habe. Amen.

Montag
Verfall und Erneuerung

Ich bin überzeugt, dass die Leiden der gegenwärtigen Zeit nichts bedeuten im Vergleich zu der Herrlichkeit, die an uns offenbar werden soll. Denn die ganze Schöpfung wartet sehnsüchtig auf das Offenbarwerden der Söhne Gottes. Die Schöpfung ist der Vergänglichkeit unterworfen, nicht aus eigenem Willen, sondern durch den, der sie unterworfen hat; aber zugleich gab er ihr Hoffnung: Auch die Schöpfung soll von der Sklaverei und Verlorenheit befreit werden zur Freiheit und Herrlichkeit der Kinder Gottes.

Denn wir wissen, dass die gesamte Schöpfung bis zum heutigen Tag seufzt und in Geburtswehen liegt. Aber auch wir, obwohl wir als Erstlingsgabe den Geist haben, seufzen in unserem Herzen und warten darauf, dass wir mit der Erlösung unseres Leibes als Söhne offenbar werden. Denn wir sind gerettet, doch in der Hoffnung. Hoffnung aber, die man schon erfüllt sieht, ist keine Hoffnung. Wie kann man auf etwas hoffen, das man sieht? Hoffen wir aber auf das, was wir nicht sehen, dann harren wir aus in Geduld.

So nimmt sich auch der Geist unserer Schwachheit an. Denn wir wissen nicht, worum wir in rechter Weise beten sollen; der Geist selber tritt jedoch für uns ein mit Seufzen, das wir nicht in Worte fassen können. Und Gott, der die Herzen erforscht, weiß, was die Absicht des Geistes ist: Er tritt so, wie Gott es will, für die Heiligen ein.

Römer 8,18-27

Ich hatte schon immer großen Abscheu vor der Unvermeidlichkeit des Verfalls. Der Hauptgrund dafür ist die Art und Weise, wie alles Neue, das in unser Haus gelangte, als ich ein Kind war, sofort in den Strudel der Zerstörung und des Verschleißes gerissen wurde, der offenbar ein Kennzeichen unserer Lebensweise war. Alles starb, verfärbte sich, hörte auf zu funktionieren, versiegte, fiel auseinander, wurde zu einer Enttäuschung, zerschmolz zu Nichts. So stellt es sich in meiner Erinnerung dar, wenn ich auch annehme, dass es so schlimm nicht gewesen sein kann. Was ich jedoch weiß, ist, dass die belastende Spannung jener Tage immer noch in mir steckt, sowohl in banalen als auch in wichtigen Dingen.

Ein Beispiel von absurder Trivialität ist meine innere Weigerung, zu glauben, dass es möglich sei, eine brandneue Dose Schuhcreme zu kaufen. Wir können nicht während meiner gesamten Kindheit nur *eine* kleine Dose Creme benutzt haben (die Sorte mit den Kirschen auf dem Deckel), aber so scheint es mir, wenn ich zurückblicke. Ich kannte die Umrisse dieses kleinen Behälters wie meine Hosentasche. Jedes Mal, wenn ich meine Schuhe putzte, kratzte und presste ich mit der Bürste in die Kanten im Innern der Dose, in dem Bemühen, nur noch einen einzigen, winzigen Krümel Creme für meine soliden, schwarzen Schul-Allzweckschuhe herauszuquetschen. Nie kam mir der Gedanke, dass es irgendwo neue Dosen geben musste, die randvoll waren und deren Oberfläche glatt glänzte, wenn man den kleinen Hebel an der Seite drehte und den Deckel abhob. Nach all den Jahren reagiert irgendetwas in mir immer noch ziemlich agnostisch auf den Gedanken, dass sich Schuhcreme leicht kaufen und ersetzen lässt. Wissen Sie, das Kind in mir weiß, dass das einfach nicht sein *kann*, selbst wenn die Erwachsenen ihm sagen, es soll nicht albern sein.

Meine Erwartungshaltung, in Beziehungen enttäuscht zu werden, ist ein ernsteres Vermächtnis aus jener Zeit meines Lebens, aber es wirkt sich auf dieselbe Weise aus. Wegen der beständigen Erfahrung, dass glückliche Situationen nicht nur keinen

Bestand haben, sondern auch im Allgemeinen in Konflikten oder Schmollen enden, fällt es mir unendlich schwer, die guten Zeiten zu genießen, ohne einen negativen Ausgang des Tages, des Ausfluges, des Spiels oder des Essens zu erwarten oder manchmal sogar zu provozieren. Dieses verflixte kleine Kind *weiß* einfach, dass am Ende alles schiefgehen muss.

Manche Schatten sind sehr weitreichend und zerstörerisch.

Gibt es Hoffnung? Nun, Gott ist sehr gut darin, Dinge zu verwandeln und schöner zu machen. Meine trübsinnige Überzeugung, dass alles mit einem Desaster enden muss, hat nichts Schönes an sich, aber vielleicht lädt Gott mich dazu ein, diese Vorahnungen der Vernichtung in ein Verständnis dieses Abschnittes aus dem Römerbrief umzuleiten.

Ich glaube, unbewusst habe ich diese Einladung vorweggenommen, als ich kürzlich mit einem Freund durch die Sussex Downs gewandert bin. Ich machte eine Bemerkung über den Unterschied, ob man morgens dort unterwegs ist, wenn die Welt, wie das Wetter auch sein mag, atemberaubend lebendig und zuversichtlich wirkt, oder ob man dieselben Wege in der Abenddämmerung geht, wenn die Sonne weg ist und ein Schauder von Scham und Traurigkeit über diese sanft rollenden Hügel kriecht. Auch sie liegen, wie die ganze Schöpfung, seit undenklichen Zeiten in den Banden des Verfalls. In solchen Augenblicken denkt man fast, man könnte das Seufzen der Schöpfung hören.

Die Erde wartet auf die Rückkehr Edens – auf die Zeit, wenn es keinen Tod und keinen Verfall mehr geben wird. Wir warten auf dasselbe. Wir wollen in der Kühle des Nachmittags mit Gott durch den Garten gehen, wie es von Anfang an beabsichtigt war. Bis dahin seufzen wir zu Gott mit einem Seufzen, das wir nicht in Worte fassen können. Meine Kindheit kann niemals in einer Form zurückkommen, wie ich sie mir gewünscht hätte, aber

vielleicht wird Gott mir helfen, das beiseitezulassen und mich
auf die Kindheit der Welt zu konzentrieren, die erneuert werden
wird.

Als ich ein Kind war,
ahnte ich nichts vom Fall der Welt vor langer Zeit.
Oft stolperte ich, fiel vom Baum herab,
war stolz auf meine blutigen Knie,
und Rampen bauten wir, zum Hinunterrollen
und Schlittenfahr'n, wenn Schnee gefallen war.
Damals war'n meine Knochen biegsamer,
selbst wenn sie brachen, heilten sie schon bald,
und alle heiterten mich durch Geschenke auf.
Einmal ging ich mit einem Freund bei Nacht zum
Schlittenfahr'n,
er traute nicht dem Mondlicht, und er hatte recht:
Der Mond verschwand, kaum dass die Fahrt begann.
Doch ich war froh über die Dunkelheit.
Am liebsten wär' ich so in alle Ewigkeit geglitten,
ich wünschte, dieser bleiche Traum, dies Rauschen, würde
niemals enden.
Er endete – ich habe noch die Narben.
Hab' alle Narben noch von all den Stürzen,
hauptsächlich auf den Knien.
Doch irgendwo tief in mir,
wo niemand je hineinsieht,
hab' ich noch and're Narben, die nicht heilen wollen,
wie ich zu ihnen kam, erinn're ich mich nicht,
doch ahnte ich ja nichts vom Fall der Welt vor langer Zeit,
als ich ein Kind war.

Beten Sie mit mir

Vater, bitte lass das Licht deiner neuen Schöpfung die tiefen Schatten der Vergangenheit durchdringen. Amen.

Dienstag
Kinder auf dem Schoß

Da brachte man die Kinder zu ihm, damit er ihnen die Hände auflegte. Die Jünger aber wiesen die Leute schroff ab. Als Jesus das sah, wurde er unwillig und sagte zu ihnen: Lasst die Kinder zu mir kommen; hindert sie nicht daran! Denn Menschen wie ihnen gehört das Reich Gottes. Amen, das sage ich euch: Wer das Reich Gottes nicht so annimmt wie ein Kind, der wird nicht hineinkommen. Und er nahm die Kinder in seine Arme; dann legte er ihnen die Hände auf und segnete sie.

Markus 10,13-16

Leuten, die den schweren Fehler begangen haben, mich mehr als einmal öffentlich sprechen zu hören, kann wohl kaum entgangen sein, dass mir das Thema Kinder und Kindheit sehr am Herzen liegt. Ich habe selbst vier Kinder, die mir im Lauf der Jahre eimerweise Freude, Schmerz und Offenbarungen gebracht haben. Bevor ich Schriftsteller wurde, arbeitete ich mit Kindern, die unter der Fürsorge des Jugendamtes standen, und in letzter Zeit ist meine Fähigkeit gewachsen, mich mit dem Kind auseinanderzusetzen, das ich einmal war und das immer noch in mir lebt. Hin und wieder ist es mir sogar gelungen, jenes verstörte, schmächtige kleine Kind zu einem Ausflug in die Welt, in der ich als Erwachsener lebe, zu locken. Es fängt gerade an, mir zu vertrauen ...

In diesem Abschnitt aus dem Markusevangelium sehen wir die Jünger bei ihrer Lieblingsbeschäftigung – „Schüsse in den Ofen". Das Leben muss ziemlich verwirrend gewesen sein für diese zwölf geistlich zwangsrekrutierten Wanderer. Immer wenn sie dachten, sie hätten endlich herausgefunden, worauf Jesus hinauswollte, stellte sich heraus, dass sie wieder falschlagen.

Mein persönlicher Favorit unter diesen Vorfällen ist der, wo Jesus in einer bestimmten Ortschaft nicht willkommen geheißen wird und die Jünger, erfüllt von jener kosmischen Empörung, die ihnen wohl ihrer erhabenen Stellung im Universum angemessen erschien, fragten: „Sollen wir Feuer vom Himmel herabrufen auf dieses Dorf, o Herr?" Ist es gehässig von mir, wenn ich mir die Monty-Python-artige Genervtheit vorstelle, mit der Jesus sich das Haar aus der Stirn strich und antwortete: „Nein, wir werden *kein* Feuer vom Himmel herabrufen auf dieses Dorf ..."?

In diesem Fall geht es bei dem „Schuss in den Ofen" um Kinder. Wie ein übereifriges Organisationskomitee haben die Jünger es eilig, dieses unordentliche, unwichtige Element in der Menge zu verscheuchen, damit der Meister seine Zeit nicht mit Banalitäten vergeuden muss. Woher hätten sie wissen sollen, dass Jesus in den Augen dieser Kinder eine leuchtende Erinnerung oder Spiegelung seiner himmlischen Heimat sah? Er war empört. Er wollte die Kinder auf den Schoß nehmen und sie segnen – und das tat er. Ich hege keinen Zweifel, dass die Jünger an dieser Stelle einfach die Stoßrichtung ihres Übereifers änderten und sich eilends daranmachten, jedes Kind in Sichtweite auf ihren Meister zuzutreiben. Die meisten von uns lernen sehr langsam, nicht wahr?

Ich möchte Ihnen sagen, dass der ehrgeizige Jünger in mir, seit ich mich mit sechzehn Jahren bekehrte, das schmächtige Kind, von dem ich vorhin sprach, daran gehindert hat, zu Jesus zu kommen, um sich von ihm auf den Schoß nehmen und segnen zu lassen. Ich glaube, ich hatte Angst, sein Mangel an Etikette, sein Schmerz und seine Bedeutungslosigkeit wären schlechte Qualifikationen für einen engen Kontakt mit dem Meister. Ich bin sicher, dass das ein Irrtum war. Natürlich wäre ich gerne ein immer reifer werdender, gut organisierter, fähiger Jünger Christi, aber mir ist neu bewusst geworden, dass hin und wieder das

Kind sich an dem Erwachsenen vorbeischleichen muss, um sich von Jesus in die Arme nehmen und einfach eine Weile festhalten zu lassen.

Der Weg nach vorn ist der Weg zurück, und der Weg zurück wird uns zu dem Ort bringen, an dem wir immer sein wollten. Denn wenn wir dem Kind, das Gott in uns liebt, in die Augen sehen, werden wir dasselbe Spiegelbild des Himmels sehen, das Jesus vor zweitausend Jahren in den Augen jener ___ Kinder sah, denen die Erwachsenen die O___ sie in die Nähe Gottes wollten.

Beten Sie mit ___

Lieber Jesus, ich spreche im Na___ jeden Sonntag in der Kirche in deinen Er___ waren jetzt schon lange Zeit brav, obwoh___ ___aß macht, auf Kirchenbänken zu sitz___ zu machen und meistens übersehen zu werden. Wenn wir über etwas begeistert sind, dann müssen wir uns noch tiefer verstecken. Wenn wir traurig sind, dann dürfen wir nicht laut weinen, weil das die anderen Leute stört und die dann schlecht über die Erwachsenen denken, in denen wir leben. Jesus, kannst du nicht einen Weg finden, damit sie uns hinauslassen, bitte? Manche von uns haben schon lange nicht mehr auf einem Schoß gesessen, und wir glauben, dass Kinder das brauchen. Bitte leg bei ihnen ein gutes Wort für uns ein, Herr. Wir haben dich lieb. Amen.

Mittwoch
Geben und Nehmen

Als sich Jesus wieder auf den Weg machte, lief ein Mann auf ihn zu, fiel vor ihm auf die Knie und fragte ihn: Guter Meister, was muss ich tun, um das ewige Leben zu gewinnen?

Jesus antwortete: Warum nennst du mich gut? Niemand ist gut außer Gott, dem Einen. Du kennst doch die Gebote: Du sollst nicht töten, du sollst nicht die Ehe brechen, du sollst nicht stehlen, du sollst nicht falsch aussagen, du sollst keinen Raub begehen; ehre deinen Vater und deine Mutter!

Er erwiderte ihm: Meister, alle diese Gebote habe ich von Jugend an befolgt.

Da sah Jesus ihn an, und weil er ihn liebte, sagte er: Eines fehlt dir noch: Geh, verkaufe, was du hast, gib das Geld den Armen, und du wirst einen bleibenden Schatz im Himmel haben; dann komm und folge mir nach!

Der Mann aber war betrübt, als er das hörte, und ging traurig weg; denn er hatte ein großes Vermögen.

Markus 10,17-22

Im Lauf der Jahre habe ich viele unterschiedliche Reaktionen auf diese berühmte Geschichte durchlaufen. Eine der ersten war schlicht und einfach Verärgerung über Jesus, weil er nicht bereit war, ein Auge zuzudrücken und den jungen Mann sein Geld behalten zu lassen. Warum ließ er den armen Kerl traurig weggehen, wenn doch nur ein leichtes Dehnen der Spielregeln ihn vor Freude hätte tanzen lassen? Ich hätte es bestimmt so gemacht, Sie nicht? Schließlich wäre, da wäre Judas sicherlich einer Meinung mit mir gewesen, das Geld gerade richtig gekommen, um den laufenden Dienst der Gruppe zu unterstützen. Keinen Ort zu haben, wo man seinen Kopf hinlegen konnte, war ja gut und schön als öffentliche Demonstration eines Prinzips, aber es wäre nicht schlecht gewesen, eine Kleinigkeit auf der hohen Kante zu haben für den Fall, dass die Zeiten *wirklich* hart wurden. Warum sollte man es beinahe grundlos versäumen, einen guten Mann zu gewinnen? Diese Sturheit auf Seiten Jesu hat mich wirklich geärgert. Der Himmel muss gezittert haben, meinen Sie nicht?

„Pass auf, Gott!", werden die Engel gerufen haben. „Adrian Plass ist verärgert, weil Jesus den reichen Jüngling nicht sein Geld hat behalten lassen!"

„Oh nein!", ruft Gott und duckt sich hinter seinen eigenen Thron. „Wenn er herkommt, sagt ihm, ich sei nicht da."

Im Lauf der Jahre sah ich mich allmählich zu der Schlussfolgerung gedrängt, dass ich vielleicht in meiner negativen Reaktion ein kleines bisschen voreilig war (große Erleichterung im Himmel, als Gott hinter seinem Thron hervorkommt). Es gibt zwei Aspekte an diesem Vorfall, die ich heute kenne, damals aber noch nicht kannte.

Erstens ist er ein gutes Beispiel (und die Evangelien sind voll davon) für die Ehrlichkeit und Direktheit, die die Art und Weise kennzeichneten, wie Jesus mit Männern und Frauen umging. Wie sehr benötigen wir heute in den Gemeinden diese furchtlos liebevolle Freimütigkeit.

Zweitens weiß ich heute, dass der tiefere Grund für meine verärgerte Reaktion auf Jesu Verhalten in dieser speziellen Situation eine tiefe, bedrohliche Angst war. Ich hatte Angst – und diese Angst ist mir auch heute keineswegs fremd –, Jesus würde mich auffordern, alles, was ich hatte, zu verkaufen und es den Armen zu geben. Ich war kein reicher junger Mann, als ich die Geschichte zum ersten Mal las, und ich bin heute kein reicher Mann mittleren Alters. Es gibt viele bunte und wunderbare Formen des Reichtums, und sie befinden sich immer genau dort, wo unser Herz ist. Meine Angst war und ist, dass Gott mich ständig auffordert, das wegzugeben oder zumindest loszulassen, was mir am wertvollsten ist – das, wodurch ich mich sicher und gut fühle. Solange dieses Etwas nicht Jesus ist, wird es von mir verlangt werden, und ich wäre ein Narr, es nicht herzugeben.

Aber Angst habe ich doch.

In Australien habe ich eine Geschichte gehört, die mir geholfen hat.

Ein junges, geistig behindertes Mädchen namens Minnie saß mit einer Mitarbeiterin der Einrichtung, in der sie lebte, in der Kirche. Die Zeit war gekommen, dass der Kollektenteller herumgereicht wurde. Minnie hatte ihr eigenes Portemonnaie mit ihrem eigenen Geld darin, aber sie war sich nicht sicher, wie viel sie geben sollte. Sie beugte sich zu ihrer Helferin hinüber und flüsterte: „Was glaubst du, wie viel ich hineinlegen soll?"

„Das ist eine Sache zwischen dir und Gott, Minnie", antwortete die Frau. „Das musst du entscheiden."

Minnie öffnete ihr Portemonnaie. Es befanden sich nur zwei Münzen darin. Die eine war ein Fünfzig-Cent-Stück, eine große Münze, die nach deutscher Währung etwa sechzig Pfennig wert ist. Die andere war ein Zwei-Dollar-Stück, im Vergleich winzig, aber viermal so viel wert. Diese kleinere Münze nahm Minnie heraus und umklammerte sie mit der Faust, während sie mit festgeschlossenen Augen betete. Ihr Gebet muss wohl beantwortet worden sein. Sie öffnete die Augen, steckte das Zwei-Dollar-Stück zurück in ihr Portemonnaie, zog die Fünfzig-Cent-Münze hervor und hielt sie ihrer Helferin vors Gesicht.

„Nein", sagte sie mit leuchtenden Augen, „die *große* für Jesus!"

Was dieses nette kleine Gleichnis besagt, ist, dass wir, wenn wir das hergeben, was uns am allerwertvollsten erscheint, vielleicht durch Gottes Gnade etwas behalten dürfen, das schon immer unendlich viel wertvoller war, als wir je wussten oder uns vorgestellt haben.

Beten Sie mit mir

Herr, ich brauche hier ein wenig Hilfe. Zuerst einmal bin ich mir gar nicht sicher, ob ich die Sache benennen kann, die mir am wertvollsten ist. Hier ist eine Liste der aussichtsreichsten Kandidaten:

1. Die Liebe meiner Frau, meiner Familie und meiner Freunde und die Gemeinschaft mit ihnen.
2. Das Streben nach den obersten Prioritäten, die die Geborgenheit und Liebe in meiner unmittelbaren Familie betreffen.
3. Die freie Wahl, wo ich leben und welchen Beruf ich ausüben werde. Ich möchte gerne weiterhin Schriftsteller sein.
4. Gelegenheiten zu üppigen, ausgedehnten Mahlzeiten, dazu einen guten Wein, mit Leuten, in deren Gegenwart ich mich entspannen kann.
5. Genug Geld, um das furchtbare, trostlose Gefühl zu verhindern, das uns befällt, wenn wir überhaupt keines haben.
6. Das Recht, beleidigt zu sein und meine Verärgerung zu zeigen, indem ich schmolle oder irgendeine andere negative Masche anwende.

Ich weiß, dass an all diesen Dingen an sich nichts Verkehrtes ist, Herr (na ja, wahrscheinlich ist Nummer sechs nicht gerade wundervoll), aber ich möchte nicht, das irgendetwas davon die erste Stelle auf der Liste einnimmt. Ich möchte, dass du dort stehst. Ich möchte so weise und großzügig wie Minnie sein. Hilf mir, Vater. Amen.

Donnerstag
Der Himmel auf Erden?

Euer Herz lasse sich nicht verwirren. Glaubt an Gott und glaubt an mich! Im Haus meines Vaters gibt es viele Wohnungen. Wenn es nicht so wäre, hätte ich euch dann gesagt: Ich gehe, um einen Platz für euch vorzubereiten? Wenn ich gegangen bin und einen Platz für euch vorbereitet habe, komme ich wieder und werde euch zu mir holen, damit auch ihr dort seid, wo ich bin. Und wohin ich gehe – den Weg dorthin kennt ihr.

Thomas sagte zu ihm: Herr, wir wissen nicht, wohin du gehst. Wie sollen wir dann den Weg kennen?

Jesus sagte zu ihm: Ich bin der Weg und die Wahrheit und das Leben; niemand kommt zum Vater außer durch mich.

Johannes 14,1-6

Wenn ich einmal im Himmel bin,
sag mir, dass ich dort Drachen steigen lassen darf,
die Art, die man angeblich steuern kann,
obwohl es mir nie recht gelang.
Die Art, die kreist und kreist und kreist und kreist,
dann sinkt und taucht und stirbt
und wieder steigt und wieder kreist
und taucht und stirbt und wieder sich erhebt,
ich liebe solche Drachen.

Wenn ich einmal im Himmel bin,
sag mir, dass ich dort gute Freunde treffen darf,
in altenglischen Pubs voll Eichenholz,
umgeben von den sanften Sussex Downs,
dass Sommerabende gemächlich an die Ufer

jener vertrauten, kleinen Inseln plätschern,
auf denen Schweigen oder Albernheiten wohnen,
die Dinge, die man nirgends sonst gefahrlos sagen kann.
Ich liebe solche Zeiten.

Wenn ich einmal im Himmel bin,
sag mir, dass es dort Jahreszeiten voller Farben geben wird,
Mohnblumen, flammensprühend
durch greises Gelb, lebendiges Grün,
und bitt're Traurigkeit des Herbstes, die mich stets zum Weinen
brachte
um das, was enden muss.
Um Winterfeuer, lodernd wie gefang'ne Sonnen,
die kalt und grau sind, wenn der Morgen kommt.
Ich liebe diesen Lauf der Jahreszeiten.

Wenn ich einmal im Himmel bin,
sag mir, dass es dort endlich Frieden geben wird,
dass irgendwo auf einer Wiese, voll von Sonnenschein,
von Butterblumen voll und voll von Freunden,
du einen Strohhalm kaust und uns erklärst, wie alles wirklich ist.
Und wenn es falsch ist, dass ich Erdenhoffnung an die Tür des
Himmels lege
oder davon zu sprechen wage,
sei meiner Torheit gnädig, lieber Herr,
ich liebe diese Welt, die du gemacht – sie allein kenne ich.
Amen.

Freitag
Ein Job fürs Leben

Als sie gegessen hatten, sagte Jesus zu Simon Petrus: Simon, Sohn des Johannes, liebst du mich mehr als diese?

Er antwortete ihm: Ja, Herr, du weißt, dass ich dich liebe.

Jesus sagte zu ihm: Weide mein Lämmer!

Zum zweiten Mal fragte er ihn: Simon, Sohn des Johannes, liebst du mich?

Er antwortete ihm: Ja, Herr, du weißt, dass ich dich liebe.

Jesus sagte zu ihm: Weide meine Schafe!

Zum dritten Mal fragte er ihn: Simon, Sohn des Johannes, liebst du mich?

Da wurde Petrus traurig, weil Jesus ihn zum dritten Mal gefragt hatte: Hast du mich lieb? Er gab ihm zur Antwort: Herr, du weißt alles; du weißt, dass ich dich liebhabe.

Jesus sagte zu ihm: Weide meine Schafe.

Johannes 21, 15-17

Ich fühle mich von diesen Versen eingeschüchtert. So viele Menschen, die viel klüger sind als ich, haben über sie geschrieben. Wenn ich auf Abwehr schalte, werde ich albern. Ich habe mich bei dem Gedanken ertappt, dass diese Passage klingt wie eines jener Gespräche vor dem Urlaub, in denen man versucht, einen Freund dazu zu kriegen, vierzehn Tage lang die Haustiere der Familie zu versorgen. Daraufhin bin ich eine Runde mit dem Hund gegangen, um meinen Kopf wieder klar zu bekommen, und nun bin ich mit einem ernsthafteren Gedanken wieder zurück.

An früherer Stelle haben wir gesehen, wie elend sich Petrus nach seinen drei vorausgesagten Verleugnungen fühlte, und ich habe versucht, etwas von dem Schmerz auszudrücken, den der

Prozess mit sich bringt, zu akzeptieren, dass Gott uns durch und durch *kennt*. Hier jedoch haben wir die andere Seite der Medaille.

In diesem berühmten Dialog nach dem Frühstück pustet Jesus nicht nur jene drei Verleugnungen weg wie Ziele an einem Schießstand, sondern er überträgt seinem Freund auch eine gewaltige Hirtenverantwortung. Später mag sich Petrus vielleicht Folgendes überlegt haben:

„Jesus war immer sehr direkt zu mir – zu direkt, dachte ich manchmal. Er nannte mich Satan, als ich dachte, er würde mir dankbar sein. Als ich sagte, ich würde ihn niemals verlassen, sagte er mir, ich würde ihn dreimal verleugnen, und er behielt recht. Er weiß alles. Und nun hat er mir eine Aufgabe gegeben, obwohl er mich von den Sohlen meiner Sandalen bis zum Scheitel kennt. Das bedeutet, dass er weiß, dass ich es schaffen kann."

Und wie wir alle wissen, hat er es geschafft.

Beten Sie mit mir

Herr, manchmal bin ich sehr verwirrt und ängstlich darüber, was ich tun soll und was ich nicht tun soll. Jeder scheint über das Thema Führung anders zu denken, und ich tappe im Nebel umher. Hilf mir, an das letzte Mal zurückzudenken, als ich mir sicher war, dass du mir eine Aufgabe gegeben hattest. Habe ich sie ausgeführt? Wenn nicht, arbeite ich noch daran? Oder ist sie in einem Meer falscher Ablenkungen untergegangen? Wenn du mir die Aufgabe gegeben hast, Herr, dann weiß ich, wie Petrus es wusste, dass sie auch von mir zu bewältigen ist. Hilf mir, den Unrat wegzuräumen, und wenn unerledigte Dinge zwischen uns stehen, die meine Arbeit behindern, sag es mir. Lass uns reinen Tisch machen und von vorne anfangen. Amen.

Samstag
Lieber Papa ...

Denn ihr habt nicht einen Geist empfangen, der euch zu Sklaven macht, sodass ihr euch immer noch fürchten müsstet, sondern ihr habt den Geist empfangen, der euch zu Söhnen macht, den Geist, in dem wir rufen: Abba, Vater!

Römer 8,15

Als Bob Hope einmal gefragt wurde, ob er glaube, in den Himmel zu kommen, antwortete er: „Nun, ich hoffe zumindest, dass ich nicht irgendeine Formalität versäume."

Viele Leute, die ich treffe, haben genau dieses Problem. Was ist, wenn ihre Theologie in irgendeinem entscheidenden Bereich fehlerhaft ist? Wird der Hüter der Himmelstore ihr persönliches Glaubensbekenntnis überfliegen und mit einem bedauernden Kopfschütteln verkünden, dass sie es nicht ganz geschafft haben, so wie man wegen irgendeines trivialen Fehlers durch eine Führerscheinprüfung fällt? Die Theologie wahrt die Reinheit des göttlichen Flusses, doch die Liebe ist das Boot, das uns zu Jesus trägt. Schauen Sie sich das Bild auf der folgenden Seite gut an.

to Dad I hope rou will rite to us wen rou
get to south amerika I hope
rou Like my pittcha it is sposto
LOOK LiRe rou   I miss rou
very mupch   Love from
                Katy
                XX XX
                X XX
                XX XX
                X

Katy, die damals sechs war, schickte mir diesen Brief, als ich 1993 allein in Südafrika unterwegs war. Er ist eine Mitteilung eines Kindes an seinen Vater, und er enthält ein paar interessante Merkmale.

Zunächst einmal ist die „Theologie" völlig daneben, nicht wahr? Ich war gar nicht in Südamerika, oder? Ich war in Südafrika. Sodann hat diese sogenannte Darstellung meiner Person nicht die geringste Ähnlichkeit mit mir (wer anderer Meinung ist, bekommt großen Ärger). Jeder weiß, dass ich ein alter Mann mit einem Bart bin.

Kommen wir nun zur Rechtschreibung. Seit wann steht „sposto" im Oxford Dictionary? Dann sehen Sie sich an, wie die Zeilen geschrieben sind – sie gehen quer über das Blatt, auf und ab wie eine Achterbahn. Und wo sind die Adresse und das Datum und die Telefonnummer? Nicht da, stimmt's? Küsschen sind ja schön und gut, aber was *besagen* sie schon? Was für eine Mitteilung soll das sein?

Ich sage Ihnen, was das für eine Mitteilung ist. Es ist der wunderbarste Brief, den je ein einsamer Vater von seinem geliebten Kind bekommen hat. Glauben Sie im Ernst, ich hätte auch nur einen einzigen Buchstaben anders haben wollen, nur damit alles seine langweilig gesetzliche Richtigkeit hat? Nein, natürlich nicht. Jedes Küsschen zählte. Jeder Versuch, mit angestrengt hervorschauender Zungenspitze Liebe zum Ausdruck zu bringen, berührte mein Herz in jenem fernen, unruhigen Land.

Theologie *ist* wichtig, aber Gott will geliebt werden wie jeder andere auch. Haben Sie keine Angst davor, auf seinen Schoß zu klettern, nur weil Sie manches nicht verstehen. Papas brauchen Küsschen; alles andere kann warten.

Beten Sie mit mir

Wenn wir sehen, wie gelehrt und gebildet manche Christen sind, dann fühlen wir uns manchmal eingeschüchtert, Vater. Willst du wirklich von uns Banausen hören, die wir uns einfach nicht merken können, wo genau Ephesus liegt, und nicht wissen, ob die Bibel nun unfehlbar oder irrtumslos sein soll – oder beides –, und sowieso nicht genau kapieren, was der Unterschied ist?

Wie dumm von uns, dass wir uns von solchen Dingen abhalten lassen, Vater. Lehre uns, dich voll Naivität, Begeisterung und Wärme von Herzen zu lieben. Hilf uns, uns wieder anzugewöhnen, einfach bei dir zu sein, und vor allem zu verstehen, dass nichts Sündiges, Unpassendes oder Stolzes daran ist, zu glauben, dass du die Liebe deiner Kinder brauchst. Lieber Vater, lehre uns zu lieben. Amen.

PASSION

Palmsonntag
Spiel fürs Publikum

Am Tag darauf hörte die Volksmenge, die sich zum Fest eingefunden hatte, Jesus komme nach Jerusalem. Da nahmen sie Palmzweige, zogen hinaus, um ihn zu empfangen, und riefen:

Hosanna!
Gesegnet sei er, der kommt im Namen des Herrn,
der König Israels!

Jesus fand einen jungen Esel und setzte sich darauf – wie es in der Schrift heißt:

Fürchte dich nicht, Tochter Zion!
Siehe, dein König kommt;
er sitzt auf dem Fohlen einer Eselin.

Das alles verstanden seine Jünger zunächst nicht; als Jesus aber verherrlicht war, da wurde ihnen bewusst, dass es so über ihn in der Schrift stand und dass man so an ihm gehandelt hatte.

Die Leute, die bei Jesus gewesen waren, als er Lazarus aus dem Grab rief und von den Toten auferweckte, legten Zeugnis für ihn ab. Ebendeshalb war die Menge ihm entgegengezogen: weil sie gehört hatte, er habe dieses Zeichen getan. Die Pharisäer aber sagten zueinander: Ihr seht, dass ihr nichts ausrichtet; alle Welt läuft ihm nach.

Johannes 12,12-19

Ein Freund, der kürzlich von einer Reise nach Israel zurückkehrte, zeigte mir eine Fotografie des Tores, durch das Jesus geritten sein muss, als er in Jerusalem einzog. Am Torbogen hängt ein großes Schild: „Einfahrt verboten". Es ist ein ernüchternder Gedanke, dass die Ankunft Jesu in der Stadt, wäre er in unserer Zeit in die Welt gekommen, ernsthaft erschwert worden wäre durch die Anwesenheit eines wichtigtuerischen uniformierten Verkehrspolizisten, der gleichgültig sein vierbeiniges Verkehrsmittel betrachtet und gesagt hätte: „Tut mir leid, mein Herr, Vorschriften sind Vorschriften, wer immer Sie sind. Ich fürchte, Sie müssen um die Stadt herumreiten und durch das Einbahnstraßensystem hereinkommen wie jeder andere auch."

Hier sehen wir eine der wenigen Gelegenheiten, bei denen Jesus während seines Wirkens auf der Erde öffentlich gefeiert wurde. Jene, die fieberhaft darauf drängen, ständig ein triumphales Verhalten an den Tag zu legen, täten gut daran, das wechselhafte Muster des emotionalen und geistlichen Lebens des Meisters zu studieren. Dieser seltene Augenblick des Triumphes, dem Tränen vorausgegangen waren und dem der Tod folgte, war, weiß der Himmel, kurz genug, aber alles was für ihn zählte, war seine *Richtigkeit*. Jesus lehnte alle Fernseh- und Filmangebote rundweg ab. Drei Jahre lang hatte er jede Gelegenheit zurückgewiesen, die Ehre zu ergreifen, die Menschen ihm antragen wollten, doch dieser kurze Moment des Freudenjubels war Teil des Planes seines Vaters, und er muss ihm das Herz erwärmt haben. Der richtige Auftritt zur richtigen Zeit vor dem richtigen *Publikum*.

Manchmal wünsche ich mir, ich hätte dieses Buch nie begonnen. Ich dachte, ich wusste – mehr oder weniger – welches meine Ängste sind. Aber man findet immer neue Schichten, so tief man auch vordringt, nicht wahr? Kaum hatte ich angefangen, über das Wort „Publikum" nachzudenken, wurde mir klar, dass ich mich nie richtig mit meiner eigenen Abhängigkeit von einer Art Phantompublikum auseinandergesetzt habe, einem Publikum aus unsichtbaren Leuten, die nur existieren, um der Seifenoper meines Lebens zu applaudieren.

Als ich noch jünger war, war es natürlich viel schlimmer. Als Jugendlicher wollte ich niemals etwas um seiner selbst willen tun oder haben. Ich wollte nur die „Medaille". Ich wollte mit einem Mädchen ausgehen, damit ich sagen konnte, dass ich mit einem Mädchen ausging. Ich wollte mit einem Flugzeug fliegen, damit ich nonchalant darüber plaudern konnte, was es für ein Gefühl ist zu fliegen. Ich wollte eine schicke Uhr haben, nicht, um immer genau zu wissen, wie spät es ist – das hat mich nie sonderlich interessiert –, sondern damit die Leute mich dabei beobachten, wie ich auf meine beeindruckende Uhr schaue. Ich kaufte mir Zigaretten, um den Rauch durch die Nasenlöcher hinauszublasen, während ich in filmgerechter Nahaufnahme den Blick zum Horizont richtete, die Schlussmusik sich zum Höhepunkt steigerte und ein tiefbewegtes Publikum mir von den Kinosesseln aus gebannt zusah. Ich war ein Idiot. Aber ich war vermutlich ein ziemlich durchschnittlicher Idiot. Die meisten Leute sind durch ein ähnliches Stadium gegangen, aber die meisten Leute werden irgendwann erwachsen – oder nicht?

Was mir Angst macht, ist, dass diese unsichtbaren Zuschauer immer noch eine tiefe Wirkung auf mich haben, während ich mich meinem fünfundvierzigsten Geburtstag nähere. Ab und zu tue ich etwas Bedeutendes oder reise an einen interessanten Ort, und dann entdecke ich ein Vakuum, wo normale Befriedigung oder Genuss sein sollte. Ich glaube, ich warte vergeblich auf den Applaus. Diese Gewohnheit – diese Sucht nach Publikum – hat meine Fähigkeit beeinträchtigt, den Ereignissen des Lebens unmittelbar und lebendig zu begegnen.

Ich möchte wie Jesus sein. Ich möchte mich nur für die Anerkennung des Vaters interessieren. Ich möchte, dass er mein Publikum ist, aber ich werde Heilung brauchen, bevor die Wirklichkeit das ganze Land meines Herzens bewohnen kann. Da gibt es immer noch eine Menge EINFAHRT-VERBOTEN-Schilder, die erst einmal gefällt werden müssen.

Beten Sie mit mir

Vater, manche von uns sind immer noch abhängig vom Applaus der Welt, und weil deine Anerkennung uns nicht real genug erscheint, können wir die Droge nicht ganz abschütteln. Wir lernen schon so früh in unserem Leben, Herr, dass es lebenswichtig sei, wie andere Leute uns sehen, und natürlich ist es das in gewisser Hinsicht auch, aber Jesus sagte, wir täten besser daran, Schätze im Himmel zu sammeln. Er sagte uns, du würdest uns im Verborgenen belohnen, wenn wir anderen im Verborgenen Gutes tun. Das ist nicht die Art der Welt, Vater, aber wir begreifen, dass es *deine* Art ist; darum bitten wir dich: Heile uns von unserer Abhängigkeit vom Applaus der Welt, und öffne unsere Ohren, damit wir hören, wie die Engel uns anfeuern. Amen.

Montag
Die Hügel der Heimat

Auch einige Griechen waren anwesend – sie gehörten zu den Pilgern, die beim Fest Gott anbeten wollten. Sie traten an Philippus heran, der aus Betsaida in Galiläa stammte, und sagten zu ihm: Herr, wir möchten Jesus sehen. Philippus ging und sagte es Andreas; Andreas und Philippus gingen und sagten es Jesus.

Jesus aber antwortete ihnen: Die Stunde ist gekommen, dass der Menschensohn verherrlicht wird. Amen, amen, ich sagte euch: Wenn das Weizenkorn nicht in die Erde fällt und stirbt, bleibt es allein; wenn es aber stirbt, bringt es reiche Frucht. Wer an seinem Leben hängt, verliert es; wer aber sein Leben in dieser Welt geringachtet, wird es bewahren bis ins ewige Leben. Wenn einer mir dienen will, folge er mir nach; und wo ich bin, dort wird auch mein Diener sein. Wenn einer mir dient, wird der Vater ihn ehren.

Johannes 12,20-26

Von Anfang 1981 bis Ende 1987 arbeiteten Bridget und ich an einer spätabends ausgestrahlten Fernsehsendung namens „Company" mit. Im Lauf dieser sieben Jahre begegneten wir an einem alten Küchentisch in den TVS-Studios in Maidstone vielen Leuten. Manche von ihnen waren bekannt, andere ganz unbekannt für die relativ kleine Zahl der Zuschauer, die jeden Abend einschalteten. Um ganz ehrlich zu sein, uns war die Aussicht lieber, anonyme Beiträger kennenzulernen, weil die persönliche Ausstrahlung christlicher „Stars" manchmal nicht ganz ihrem öffentlichen Image entsprach (Gott, vergib mir meine Arroganz – und meine Heuchelei!).

David Watson, der beliebte Evangelist und Schriftsteller, war keinesfalls eine Enttäuschung. Die Sendungen, die wir mit ihm aufzeichneten, machten uns sehr viel Freude; aber noch mehr Freude hatten wir an der Zeit, die wir am Tag vor der Aufzeichnung im Studio damit verbrachten, mit David die Sendung vorzubereiten, gemeinsam zu essen und uns zu entspannen. Er war ein Mensch, der voller Freude und Schmerz zugleich zu stecken schien, gepaart mit einer ansteckenden Begeisterung für den Gott, dem er so wirksam gedient hatte.

Die Erfahrung bewegte uns besonders deshalb sehr, weil bei David bereits die Krebserkrankung diagnostiziert worden war, die später zu seinem Tod führte. Er wirkte auf uns völlig gesund. Als wir ihn kennenlernten, hatte er sich unter Qualen durchgekämpft von der Einstellung, wie er es ausdrückte, „bleiben zu wollen, aber bereit zu sein zu gehen", zu der Einstellung, „gehen zu wollen, aber bereit zu sein zu bleiben, falls er geheilt würde". Die Reise von der ersten zur zweiten dieser Aussagen muss wie eine Fußwanderung zum Südpol gewesen sein, aber indem er sie hinter sich brachte, erfüllte er unmittelbar die Worte Jesu in diesem Abschnitt:

Wenn einer mir dienen will, folge er mir nach; und wo ich bin, dort wird auch mein Diener sein. Wenn einer mir dient, wird der Vater ihn ehren.

David folgte den Fußstapfen seines Meisters, und die Ehre dafür wird ihm nicht versagt geblieben sein. Ich bin ziemlich sicher, dass Jesus diese Welt geliebt hat und eine ähnliche Reise des Willens zurücklegen musste, als er dem Krebs der Sünde gegenüberstand, der am Kreuz in seinen Körper eindringen würde. Wäre es nicht so, wäre er kein wahrer Mensch gewesen.

Könnte ich diese Reise zurücklegen?

Könnte der Himmel mir zur Heimat werden, während ich noch auf der Erde logiere?

Ich fürchte nein, aber da Gott sehr einfallsreich ist, könnte es sein, dass ich mich irre. Die folgenden Zeilen, die ich kürzlich schrieb, sind noch nicht wahr, aber ich bete, dass sie es eines Tages sein werden.

Ein anderes Land
ruft mich jetzt,
doch ich werde bleiben,
denn wir lieben diesen Ort,
und von den oberen Fenstern kann ich stets
die Hügel der Heimat sehen,
freilich nur, wenn ich die Stufen emporsteige.
Lieber sehe ich die Hügel,
als dass ich meine Gebete
am Fuß der Treppe spreche.
Ein anderes Land
ohne diesen geliebten Einwohner,
dessen angestrengt spähende Augen
nie das Land gesehen haben, in das er gehört,
nur die fernen Hügel
von den oberen Fenstern,
wenn er die Stufen emporsteigt
mit anderen, die auch
unwillig sind, Gebete zu murmeln
am Fuß der Treppe.
Ein anderes Land,
wo der Baumeister wartet
und liebevoll die Wohnungen
bereitet, die wir brauchen werden,
alle inmitten der Hügel gelegen,
und alle sind sie von Hand erbaut,

und alle sind sie Heimat,
und alle empfangen sie Besuch,
und keins davon braucht eine Treppe.

Beten Sie mit mir

Herr, heute spüre ich die Wärme, mit der du dich nach der Zeit
sehnst, wenn wir alle in unserer wirklichen Heimat zusammen sein
können. Du weißt, wie es sein wird, aber für uns liegt es noch etwas
im Nebel. Hin und wieder jedoch, wenn uns etwas Schönes begegnet, spüren wir einen Hauch von Heimweh nach dem Ort, den wir
noch nie gesehen haben. Danke dafür, dass du Wohnungen für uns
vorbereitest. Danke für den langsamen Prozess der Veränderung in
unserem Denken. Wir hatten Angst davor, Flüchtlinge und Fremde
zu sein an dem Ort, wo du bist, aber du erfüllst uns ganz allmählich
mit dem Bewusstsein unserer Bürgerschaft im Himmel, die Jesus
für uns am Kreuz erworben hat. Manchmal sehnen wir uns nach den
Hügeln der Heimat. Amen.

Dienstag
Im Scheinwerferlicht

Da sagte Jesus zu ihnen: Nur noch kurze Zeit ist das Licht bei euch. Geht euren Weg, solange ihr das Licht habt, damit euch nicht die Finsternis überrascht. Wer in der Finsternis geht, weiß nicht, wohin er gerät. Solange ihr das Licht bei euch habt, glaubt an das Licht, damit ihr Söhne des Lichts werdet. Dies sagte Jesus. Und er ging fort und verbarg sich vor ihnen.

Obwohl Jesus so viele Zeichen vor ihren Augen getan hatte, glaubten sie nicht an ihn. So sollte sich das Wort erfüllen, das der Prophet Jesaja gesprochen hat:

Herr, wer hat unserer Botschaft geglaubt? Und der Arm des Herrn – wem wurde seine Macht offenbar?

Denn sie konnten nicht glauben, weil Jesaja an einer anderen Stelle gesagt hat:

Er hat ihre Augen blind gemacht und ihr Herz hart, damit sie mit ihren Augen nicht sehen und mit ihrem Herzen nicht zur Einsicht kommen, damit sie sich nicht bekehren und ich sie nicht heile.

Das sagte Jesaja, weil er Jesu Herrlichkeit gesehen hatte, über ihn nämlich hat er gesprochen.

Dennoch kamen sogar von den führenden Männern viele zum Glauben an ihn; aber wegen der Pharisäer bekannten sie es nicht offen, um nicht aus der Synagoge ausgestoßen zu werden. Denn sie liebten das Ansehen bei den Menschen mehr als das Ansehen bei Gott.

Johannes 12,35-43

Lassen Sie mich Ihnen von drei Versuchen erzählen, dem Licht auszuweichen.

Der erste betrifft eine Freundin von mir, die ich Grace nennen möchte, eine unverheiratete Frau von Ende fünfzig. Bridget und ich waren eines Abends in dem jahrhundertealten Haus, in dem sie (von einigen sehr menschenähnlichen Hunden abgesehen) alleine wohnt, zum Essen eingeladen. Graces bezaubernde, ein wenig abseitige Sicht des Lebens verhieß, dass es zumindest ein interessanter Abend werden würde. Wurde es auch.

Wir erschienen am richtigen Abend (Sie ahnen nicht, was für eine Leistung das für mich ist) und wurden durch zwei schön möblierte Zimmer des alten Hauses geführt, gefolgt von einem ganzen Strom von Hunden, bis wir die Küchentür erreichten.

„Hier drinnen essen wir", sagte Grace und winkte uns durch, während sie sprach.

Die Küche war eine finstere Höhle mit drei winzigen Lichtquellen, die im Dreieck um den Tisch angeordnet waren, der in der Mitte des Raumes stand. Bridget und ich spähten in die Düsternis, die diese schwach erleuchtete Insel umgab, doch von den anderen Gegenständen waren allenfalls vage Umrisse zu erkennen.

Grace, die offenbar gerade eine ziemlich radikale Karottendiät machte, servierte uns beinahe sofort das Essen, dazu einen vorzüglichen Rotwein. Das Essen war ausgesprochen gut, wenn es auch in dem Dämmerlicht nicht ganz leicht zu finden war. Die Kerzen, die neben jedem der Gedecke brannten, waren nicht besonders groß, und wenn man nur die Umrisse sieht, unterscheidet sich eine Gemüsesorte nicht sehr von der anderen. Wie wir so über unsere Teller gebeugt dasaßen und angestrengt versuchten, die verschiedenen Zutaten unseres Essens zu identifizieren, eine Seite jedes Gesichts im flackernden Kerzenlicht orange schimmernd, sah es wohl so aus, als posierten wir für ein Schreckensgemälde mit dem Titel „Speisende Gespenster". Ich versuchte Bridgets Blick aufzufangen, aber ich konnte ihre Augen nicht sehen. Ich räusperte mich.

„Äh, es ist ein bisschen dunkel, findest du nicht, Grace? Nette Atmosphäre und so, aber ein bisschen ... äh ... dunkel."

Vom anderen Ende der Höhle her antwortete Grace gelassen: „Ja, ich weiß, das ist Absicht. Ich wollte nicht, dass ihr seht, in was für einem widerwärtigen Zustand die Küche ist."

„Aber dass wir wissen, dass sie in einem widerwärtigen Zustand ist, stört dich nicht?", fragte Bridget erstaunt.

„Oh nein", sagte Grace, „Hauptsache, ihr könnt es nicht sehen. Alles andere ist halb so wichtig."

Wie nennt man so etwas? Ehrlichen Betrug, vielleicht?

Der zweite Versuch, dem Licht auszuweichen, betrifft einen anderen Freund von mir namens Tim, einen gläubigen Christen, der einen neuen und sehr befriedigenden Job anfing, nur, um zu entdecken, dass seine Kollegen, die sonst alle sehr nett waren, allesamt eine ziemlich militant negative Einstellung zu Christen und dem Christentum hatten. Aus ihrer Sicht durfte man so ziemlich alles sein, vom Scientologen zum Froschanbeter, solange man sich nur nicht auf all dieses katzbuckelnde Zeug mit Jesus einließ.

Tim hatte es nicht geschafft, seinen Arbeitskollegen die schreckliche Wahrheit zu sagen, und mit jedem Tag, der verging, wurde es schwieriger. Eine Erleichterung war ihm der Gedanke, dass es vielleicht sogar besser war, wenn sie ihn erst einmal etwas kennenlernten, sodass „seine Werke seinen Glauben offenbar werden lassen" könnten, aber ich hatte nicht den Eindruck, dass Tim sich mit dieser Rationalisierung allzu wohlfühlte. Ich frage mich, warum nicht? Übrigens, er hat es ihnen immer noch nicht gesagt.

Meine dritte Figur in meiner Galerie nachtaktiver Persönlichkeiten bin ich selbst. Mir steigt die Schamröte ins Gesicht, wenn ich an diesen Vorfall denke.

Ich war damals auf der Schauspielschule in Bristol und oszillierte wild zwischen den Exzessen meiner ziemlich fanatischen evangelikalen Einstellung einerseits und andererseits dem Gefühl, zum ersten Mal von zu Hause fort zu sein, und das auch noch in dem künstlich amoralischen Ethos der Theaterschule, hin und her. Eines Abends, als ich mit meiner großen schwarzen Bibel unter dem Arm in der Uni-Cafeteria in der Nähe der Schule Kaffee trank, kam ich mit einem Studenten ins Gespräch, der den törichten Fehler begangen hatte, mich zu fragen, „was für ein Buch" ich denn da läse. Da ich im Moment gerade auf geistlich geschaltet hatte, gab ich es ihm ordentlich, genau zwischen die Augen. Er war beeindruckt. Ich merkte genau, dass er beeindruckt war. Als ich ging (die Tatsache, dass ich vor ihm ging, muss wohl bedeutsam gewesen sein), war er tief in Gedanken versunken. Dementsprechend jubelte ich innerlich.

Weniger als eine Woche später sah ich ihn wieder. Diesmal betrat er eine Kneipe, in der ich gerade unverrückbar auf *nicht* geistlich geschaltet hatte, gemeinsam mit ein paar Bekannten, die überhaupt noch nie so getan hatten, als wären sie geistlich. Wir waren alle schon recht benebelt. Ich begrüßte den Neuankömmling ausgelassen. Ich wusste, dass ich ihm irgendwo schon einmal begegnet war, aber im Augenblick konnte ich mich nicht erinnern, wo. Seine Augen leuchteten auf, als er mich entdeckte, doch der Glanz schwand rasch wieder, als er meinen halb betrunkenen Zustand und die allgemeine Qualität unserer Gespräche bemerkte. Dann erinnerte ich mich, wer er war, und schämte mich. Ich glaube nicht, dass ich ihn noch einmal wiedergesehen habe.

Jesus nachzufolgen ist sehr kostspielig. Ein Teil der Kosten besteht darin, dass wir im Flutlicht seiner Vollkommenheit als das gesehen werden, was wir sind. Viele von uns fürchten, durchaus nicht zu Unrecht, dass unsere Fehler und Torheiten aufgedeckt werden, wenn wir ihm zu nahe sind. Natürlich werden sie das, und so sollte es auch sein. Schließlich ist er es, für den wir werben – nicht wir selbst. Als ich mit diesem Jungen in der Cafeteria sprach, hätte ich deutlich machen müssen, dass ich ein fehlerhafter Nachfolger war, statt den Eindruck zu erwecken, ich stünde kurz vor der Heiligsprechung. Heute würde ich versuchen, einfach *ich* zu sein.

Wird Tim je die Katze aus dem Sack lassen?

Wagen wir es, das Licht in der Küche einzuschalten und immer noch zu behaupten, wir seien Nachfolger Jesu? Ich bin nicht ganz sicher, wie ich diese Frage beantworten würde.

Beten Sie mit mir

Vater, gelegentlich denke ich, es wäre leichter, meinen Glauben aufzugeben, als im Licht zu stehen, aber ich weiß, dass ich das eigentlich nicht will. Ich möchte dich lieben, ohne mich dafür zu schämen. Ich möchte vergessen, wie ich auf andere wirke, und den Leuten helfen, zu sehen, wer *du* bist. Aber, Vater, ist es in Ordnung, wenn andere sehen, was für ein unordentliches Durcheinander manchmal aus meinem Leben wird? Stört es dich, dass ich dich niemals zufriedenstellend repräsentieren kann? Ich hoffe, dass du und ich immer weiter daran arbeiten werden, den Müll hinauszuschaffen, aber in der Zwischenzeit werde ich einfach das Küchenlicht einschalten und darauf vertrauen, dass du, wenn ich mich nicht deiner schäme, dich auch nicht meiner schämst. Amen.

Mittwoch
Was ist Sünde?

Jesus aber rief aus: Wer an mich glaubt, glaubt nicht an mich, sondern an den, der mich gesandt hat, und wer mich sieht, sieht den, der mich gesandt hat. Ich bin das Licht, das in die Welt gekommen ist, damit jeder, der an mich glaubt, nicht in der Finsternis bleibt.

Wer meine Worte nur hört und sie nicht befolgt, den richte nicht ich, denn ich bin nicht gekommen, um die Welt zu richten, sondern um sie zu retten. Wer mich verachtet und meine Worte nicht annimmt, der hat schon seinen Richter: Das Wort, das ich gesprochen habe, wird ihn richten am Letzten Tag. Denn was ich gesagt habe, habe ich nicht aus mir selbst, sondern der Vater, der mich gesandt hat, hat mir aufgetragen, was ich sagen und reden soll. Und ich weiß, dass sein Auftrag ewiges Leben ist. Was ich also sage, sage ich so, wie es mir der Vater gesagt hat.

Johannes 12,44-50

Ich glaube nicht, dass ich mich schon jemals wirklich mit den Implikationen dessen auseinandergesetzt habe, was Jesus hier sagt. Er bringt ganz unmissverständlich zum Ausdruck, dass wir, wenn wir ihn ansehen, den sehen, der ihn gesandt hat. Was er sagt und was er tut, sind direkte Akte des Gehorsams gegenüber dem Vater.

Wenn ich akzeptiere, dass Jesus ohne Sünde war (und genau das akzeptiere ich tatsächlich), dann muss ich auch glauben, dass all seine überlieferten Taten und Worte in den Augen Gottes richtig und angemessen waren. Dieser Gedanke wird vermutlich eine ehrliche Untersuchung der Evangelien äußerst interessant und aufschlussreich werden lassen. Es ist möglich, dass sie dazu führt, dass ich meinen persönlichen Begriff von Sünde neu definieren muss. Die Vorstellung macht mir ein wenig Angst, aber das macht nichts. Werfen wir einen kleinen Blick auf die „Sünden" Jesu.

Da ist zuerst der Vorfall beim Passafest, als der zwölfjährige Jesus mit seinen Eltern nach Jerusalem reiste. Nachdem das Fest vorbei war, wanderten Maria und Josef einen ganzen Tagesmarsch weit in Richtung Heimat, bevor sie entdeckten, dass ihr Sohn nicht bei ihnen war. Sie nahmen an, wie Bridget und ich es so oft von unseren eigenen Kindern angenommen haben, Jesus hätte sich fröhlich einer Gruppe gleichaltriger Vettern und Freunde angeschlossen. Schließlich muss man sich diese ganze Heimkehrprozession wie eine Art antikes, mobiles Christival vorstellen. Die erschrockenen Eltern eilten zurück nach Jerusalem, und erst nach drei Tagen voll quälender Sorge fanden sie den Jungen im Tempel, wo er jedermann mit der Reife seiner Bemerkungen in Staunen versetzte. Die gute Maria, ausgelaugt von vier schlaflosen Nächten und einem endlosen Strom schrecklicher Horrorvorstellungen, reiht sich in die Reihen aller Eltern aller Zeiten ein, wenn sie sagt: „Kind, wie konntest du uns das antun?"

Es hat sich nicht viel verändert, nicht wahr?

Ich weiß nicht, wie es Ihnen geht, aber ich war nie sonderlich beeindruckt von mit der Antwort, die Jesus an dieser Stelle gab, nämlich dass es doch wohl offensichtlich sei, dass er im Haus seines Vaters sein müsse, insbesondere da – wie die Bibel uns sagt – seine Mama und sein Papa mit ihren verweinten Augen nicht die leiseste Ahnung hatten, wovon er da redete. In mancher Hinsicht hat diese Begegnung eine faszinierende Ähnlichkeit mit heutigen Begegnungen: Das Kind mit großen Augen, erstaunt, dass seine dummen Eltern nicht einmal zu so einer Kleinigkeit imstande sind, wie seine Gedanken zu lesen, die Eltern ebenso verwirrt darüber, dass das begriffsstutzige Kind partout nicht in der Lage ist, sich eine Erwachsenenperspektive zu eigen zu machen. Das haben wir Eltern (und Kinder) alle schon erlebt.

Ich hoffe sehr, dass Jesus *irgendetwas* Nettes zu seinen erschöpften Eltern sagte. Ich glaube schon, dass er es tat. Wir wissen, dass er hinterher mit ihnen nach Hause ging und von da an nicht mehr aus der Reihe scherte. Offenbar ist ein richtig netter Kerl aus ihm geworden.

Gibt diese Geschichte also allen Zwölfjährigen die göttliche Erlaubnis, ihren Familien davonzulaufen und drei Tage lang zu tun, wozu sie Lust haben, egal, welche Auswirkungen das auf andere Leute hat? Natürlich nicht. Ich kann mich ganz und gar nicht der Ansicht anschließen, Maria und Josef hätten sich das Problem durch Achtlosigkeit selbst eingehandelt. Die Situation ist einfach zu schmerzlich vertraut, als dass das der Fall sein könnte. Jesus verursachte seiner Mutter und seinem Vater unsägliche Sorge und Kummer, als er verschwand. War das richtig oder nicht? War es eine Sünde? Wie ich schon sagte, glaube ich fest daran, dass Jesus ohne Sünde war, aber wenn dieser Akt scheinbarer Rücksichtslosigkeit und mangelnder Anteilnahme keine Sünde war, was war er dann? Und das ist nur einer der Vorfälle, die uns unruhig werden lassen können.

War es eine Sünde, einen unschuldigen Feigenbaum durch einen Fluch zu töten, weil er keine Früchte trug, nur, um eine Aussage zu unterstreichen? Und was ist mit all den Schweinen, die ertrinken mussten, weil keine anderen passenden Behältnisse für die herumlungernden bösen Geister zur Hand waren? Die Grünen hätten diese beiden Vorfälle wohl kaum stillschweigend hingenommen, oder?

Und es kommt noch mehr.

Jesus verjagte unerwünschte Elemente vom Tempelhof, nicht durch liebevolle Ermahnungen, sondern durch die gewaltsame Anwendung eines geknoteten Seils; er nannte Petrus, einen seiner engsten Anhänger, „Satan", als dieser versuchte, ihm zur Seite zu stehen; er befürwortete es, dass man ihn mit kostbaren Ölen salbte, indem er sagte, die Armen wären schließlich immer da, er aber nicht; er äußerte sich ausgesprochen beleidigend gegenüber Mitgliedern einer wichtigen gesellschaftlichen Gruppe, die Einwände gegen sein Tun hatten; er machte eine Bemerkung, die sehr rassistisch klingt, gegenüber einer griechischen Frau, die ihn um Hilfe bat; er rührte keinen wundertätigen Finger, um seinen Vetter Johannes von der Gefangenschaft und Hinrichtung unter Herodes zu retten; und am Kreuz schließlich schien er – zumindest für kurze Zeit – seinen Glauben völlig zu verlieren.

Natürlich könnte ich eine gleichermaßen bizarre Liste von Vorfällen aufstellen, bei denen Jesus mit derselben exzentrischen Maßlosigkeit Barmherzigkeit und Vergebung übt. Aber dadurch wird die Sache nur noch verwirrender – oder?

Ich persönlich glaube, sie wird viel leichter zu begreifen, nicht schwieriger.

Sobald wir aufhören, Sünde als Verstoß gegen eine Liste von Vorschriften zu definieren, die uns sagt, was wir tun sollten und was nicht, und sie (anhand von Jesu Kriterium) neu definieren als alles, was *in der speziellen Situation, in der wir uns gerade befinden*, nicht akkurat widerspiegelt, was der Vater tut oder sagt oder befiehlt, sieht die ganze Sache auf einmal viel gefährlicher und viel aufregender aus.

Jede Kirche, jede Denomination und jede Splittergruppe lechzen danach, ein endgültiges Vorschriftenbuch zu schreiben. Manche tun es auch. Sie stagnieren und sterben schließlich, ohne zu merken, dass sie nicht mehr lebendig sind. Und die Bibel ist kein Vorschriftenbuch. Sie ist ein Buch über den lebendigen Gott. Gewiss lernen wir darin, dass sich die grundlegenden Regeln und Anforderungen einer liebevollen Beziehung niemals ändern werden. Natürlich werden sie das nicht. Das wissen wir. Doch ebenso lernen wir, dass die schöpferischen und einfallsreichen Qualitäten des Gottes, der alle Dinge neu macht, ewig gegenwärtig sind. Er ist es, der uns die handelnde Sprache der Liebe übersetzt in diesem Durcheinander, das aus der Welt geworden ist. Uns kommt es zu, einfach zu tun, was uns gesagt wird, wenn wir wirklich den Spuren Jesu folgen wollen. Manchmal werden wir vielleicht sehr überrascht sein über die Dinge, zu denen wir aufgefordert werden.

Ich wage es, die Vermutung zu äußern, dass die dreitägige Abwesenheit Jesu in Jerusalem auf einer gewissen Ebene nichts anderes war als einer der jugendlichen Exzesse, die die meisten von uns hinter sich und erlitten haben. Jesus war einfach dabei, zu lernen, wie er die mächtige und alles überdeckende Anziehungskraft, die die Sache seines Vaters für ihn hatte (und das schon mit zwölf Jahren), mit den Bedürfnissen und Erwartungen der Leute ausbalancieren konnte, die ihn liebten und denen die Verantwortung für seine Versorgung und Sicherheit auferlegt war.

Gott lernte, wie man Mensch ist – und auf Gott hört.

Jesus ging es nicht um Bewunderung von Männern und Frauen. Er hat nie in seinem Leben eine Sünde begangen. Er tat einfach, was er seinen Vater tun sah, und sagte, was er seinen Vater sagen hörte. Am Ende führte ihn das ans Kreuz.

Beten Sie mit mir

Herr Jesus, du warst sehr tapfer. Du hast getan, was dein Vater wollte, was immer die anderen darüber dachten. Das muss sehr schwer gewesen sein. Dieselben Leute, die du erretten wolltest, verließen dich, verspotteten dich und brachten dich schließlich um.

Weißt du, Herr, ich wäre wirklich gern ein dynamischerer, positiverer Nachfolger von dir, aber ich bin ein wenig besorgt, wo mich das hinführen wird. Wenn ich mich *tatsächlich* der Leitung des Heiligen Geistes überlasse, besteht da nicht die Möglichkeit, dass ich ein paar Freunde verliere? Dir ging es doch auch so, oder? Könnte ich nicht in sehr seltsame Situationen geraten? Dir ging es doch auch so, oder? Leite mich behutsam, Herr. Hilf mir zu hören – ich möchte mit dir kommen, aber ich habe Angst. Amen.

Gründonnerstag
Ich kann einfach nicht ...

Jesus, der wusste, dass ihm der Vater alles in die Hand gegeben hatte und dass er von Gott gekommen war und zu Gott zurückkehrte, stand vom Mahl auf, legte sein Gewand ab und umgürtete sich mit einem Leinentuch. Dann goss er Wasser in eine Schüssel und begann, den Jüngern die Füße zu waschen und mit dem Leinentuch abzutrocknen, mit dem er umgürtet war.

Als er zu Simon Petrus kam, sagte dieser zu ihm: Du, Herr, willst mir die Füße waschen? Jesus antwortete ihm: Was ich tue, verstehst du jetzt noch nicht; doch später wirst du es begreifen.

Petrus entgegnete ihm: Niemals sollst du mir die Füße waschen! Jesus erwiderte ihm: Wenn ich dich nicht wasche, hast du keinen Anteil an mir.

Da sagte Simon Petrus zu ihm: Herr, dann nicht nur meine Füße, sondern auch die Hände und das Haupt.

Jesus sagte zu ihm: Wer vom Bad kommt, ist ganz rein und braucht sich nur noch die Füße zu waschen. Auch ihr seid rein, aber nicht alle. Er wusste nämlich, wer ihn verraten würde; darum sagte er: Ihr seid nicht alle rein.

Johannes 13,3-11

Ich bin immer wieder erstaunt darüber, was für eine Macht Hemmungen haben. Ich habe das bei anderen beobachtet und bin auch selbst davon schon betroffen gewesen. Wichtige Briefe, die geschrieben, aber nicht abgeschickt wurden, mit den traurigsten Folgen. Wichtige Beziehungen, die durch die Angst davor, ein Telefon zu benutzen, schwer beschädigt werden. Eine ganze Sportsaison, die verloren geht, weil man aus Angst vor Ablehnung nicht zum ersten Training geht. So etwas passiert ständig.

Es ist an der Zeit für eine neuerliche Selbstoffenbarung. Wenn Sie jetzt lachen, werde ich aus dieser Seite herauskommen und Ihnen die Nase langziehen. Hier ist mein Problem:

Ich hasse Füße.

Ich habe schon immer Füße gehasst. Meine Freundin Jenny, die Bibliothekarin ist, hasst auch Füße. Manchmal sitzen wir finster brütend beim Kaffee in meiner Küche und unterhalten uns über unser gemeinsames Problem. Es ist gut, jemanden zu kennen, der einen wirklich versteht. Jenny und ich gründen vielleicht eine Selbsthilfegruppe für Anonyme Füßehasser, wenn Interesse besteht. Ich halte mich von meinen eigenen Füßen so fern wie möglich. Das heißt, jetzt, wo ich darüber nachdenke, fällt mir auf, dass ich die Füße ganz kleiner Kinder doch mag – diese kleinen, dicken Fußpakete. Die sind in Ordnung. Aber keine anderen. Füße – würg!

Ich erinnere mich, wie ich einmal auf einer großen Konferenz war, wo Clive Calver den versammelten Massen verkündete, wir würden jetzt alle einander die Füße waschen. Ich hätte getötet, um aus diesem Saal herauszukommen. Wäre irgendein verzückt dreinblickender Helfer mit Waschzeug in meine Nähe gekommen, so hätte ich ihm die Schüssel über den Kopf gegossen, ihn mit dem Handtuch erwürgt und wäre geflohen. Ich war schon drauf und dran, die füllige Dame neben mir als Trampolin zu benutzen, um mich aus meiner Sitzreihe zu katapultieren, als Calver verkündete, es sei nur ein Scherz gewesen.

Ein Scherz? Über Füße? Das ist morbide. Man macht einfach keine Scherze über Füße. Krieg, Hungersnöte, Seuchen, Tod – über solche leichteren Themen kann man Scherze machen, aber über Füße? Niemals!

Ich frage mich, ob ich genug gesagt habe, um Ihnen begreiflich zu machen, warum ich mit dieser Passage schon immer meine Schwierigkeiten hatte. Ich sehe dieses schreckliche Bild vor meinem geistigen Auge, wie Jesus mit seiner Wasserschüssel auf mich zukommt, um eine der größten symbolischen Handlungen des Neuen Testamentes an mir zu vollziehen, und ich blöke flehend: „Eigentlich möchte ich lieber nicht, wenn es dir nichts ausmacht. Ich habe Füße schon immer gehasst."

Dann würde er, wie zu Petrus, sagen: „Wenn ich dich nicht wasche, hast du keinen Anteil an mir."

„Trotzdem", würde ich mit erstickter, panischer Stimme antworten, „möchte ich meine Socken lieber nicht ausziehen."

Hinter all diesem Nonsens steckt bei mir eine echte Angst, eine kleine, pulsierende Panik. Esau verkaufte sein Erstgeburtsrecht für eine Schüssel Suppe, weil er in diesem Moment seinen Hunger über seine Vernunft regieren ließ. So *viel* dahingegeben und verloren für so wenig.

Meine Angst ist, dass irgendeine banale fixe Idee oder Hemmung oder Furcht oder Gier, oder vielleicht auch ein Prinzip, sich in einem entscheidenden Moment erheben und meine Antwort auf die offenherzige Großzügigkeit Gottes ersticken könnte. Nur gut, dass er ein Vater ist und kein kalter, mitleidloser Richter.

Beten Sie mit mir

Vater, manche von uns stecken in solchen scheinbar banalen Hemmungen und fixen Ideen fest. Sie umklammern uns wie Zwangsjacken, Herr, und wir hassen sie. Sie setzen uns als Menschen herab und hemmen unser Verhalten auf eine demütigende, frustrierende Weise. Wir wissen nicht, wie wir sie loswerden können, aber du weißt es.

Wenn es jemanden gibt, der uns helfen könnte, indem er mit uns redet oder betet – ein Arzt, ein Freund oder sonst jemand –, dann zeig ihn uns, und wir werden uns bemühen, tapfer zu sein und es zu versuchen. Oder vielleicht gibt es ein nützliches Buch, das wir lesen könnten. Wir sind manche Züge unserer Persönlichkeiten leid, und wir möchten gerne glauben, dass Veränderung möglich ist. Bitte leite uns. Amen.

Karfreitag
Gescheiterte Väter?

Es war am Rüsttag des Passafestes, ungefähr um die sechste Stunde.
Pilatus sagte zu den Juden: Da ist euer König!
Sie aber schrien: Weg mit ihm, kreuzige ihn!
Pilatus aber sagte zu ihnen: Euren König soll ich kreuzigen?
Die Hohenpriester antworteten: Wir haben keinen König außer dem
Kaiser.
Da lieferte er ihnen Jesus aus, damit er gekreuzigt würde.
Sie übernahmen Jesus. Er trug sein Kreuz und ging hinaus zur soge-
nannten Schädelhöhe, die auf Hebräisch Golgota heißt. Dort kreu-
zigten sie ihn und mit ihm zwei andere, auf jeder Seite einen, in
der Mitte Jesus.

Johannes 19,14-18

Lieber Gott,
hör zu – als ich groß, dünn und achtzehn war, verließ ich mein
Zuhause in Tunbridge Wells, um einen Schauspielkurs an der
Old Vic Theatre School in Bristol zu absolvieren. Na ja, das alles
weißt du natürlich, aber wenn ich zu viel Rücksicht auf deine
Allwissenheit nehme, werde ich dir am Ende überhaupt nichts
mehr erzählen, und das wäre doch schade für uns beide. Während meines ersten Semesters war ich schrecklich einsam, verloren und unorganisiert, und du schienst mir nicht sehr zu helfen.
Weißt du noch, wie ich immer in meinem Zimmer auf dem Bett
lag und dich anflehte, etwas zu sagen oder leibhaftig zu erscheinen oder überhaupt irgendetwas zu tun, damit ich merkte, dass
du noch bei mir warst?
Ich habe einen fürchterlichen Idioten aus mir gemacht in
diesem ersten Semester, nicht wahr? Ich trug immer eine große,

schwarze Bibel mit mir herum wie einen Talisman und erzählte jedem, den ich traf, deine ständige Gegenwart in meinem Leben sei eine Quelle unaussprechlicher Freude. Dann ging ich nach Hause in mein elendes kleines Zimmer und starb tausend einsame Tode, weil mir schien, du seist in Tunbridge Wells zurückgeblieben, als ich ging. Es fiel mir sehr schwer, dir zu vergeben, dass du mich so im Stich gelassen hattest. Da erzählte ich nun jeden Tag den Leuten von dir – wobei ich die Wahrheit verbog, um deinen Ruf zu schonen, und du warst weg, wer weiß wo, mit irgendetwas anderem beschäftigt, das mit mir nichts zu tun hatte.

Manchmal weinte ich, Gott. Hörst du mich – ich *weinte*.

Eigentlich wollte ich mich darüber gar nicht so weitschweifig auslassen. Was ich eigentlich sagen wollte, war, dass ich während meiner Zeit in Bristol etwas sehr Schwieriges getan habe. Ich habe bisher nur ganz wenige schwierige Dinge getan. Das Schwierigste war, das Rauchen aufzugeben, als ich 1981 bei sechzig Zigaretten am Tag angekommen war. Aber das hier folgt ziemlich dicht auf dem zweiten Platz. Selbst jetzt noch kann ich kaum darüber schreiben.

Ich setzte mich an meinen kleinen, wackeligen Tisch und schrieb einen Brief an meinen Vater (du weißt ja, was für ein Wettlauf durch den Treibsand diese Beziehung war), in dem ich all die Dinge sagte, von denen ich meinte, dass er sie gern von seinem Sohn hören würde – dankte ihm für seine Hilfe und seinen Rat und so weiter. Ich kann dir nicht einmal annähernd sagen, wie schwer es mir fiel, diese Worte zu Papier zu bringen, und heute wird mir klar, warum es so entsetzlich schwierig war. Es lag daran, dass das, was ich da schrieb, im Großen und Ganzen nicht stimmte, genauso wenig wie das, was ich den Leuten über meine Erfahrungen mit dir erzählte.

Warum habe ich mich darauf spezialisiert, Vaterfiguren zu verteidigen? Ich weiß es nicht. Sag du es mir. Du bist schließlich allwissend.

Hör zu, ich möchte etwas sagen. Jetzt, wo ich zwar immer noch groß, aber übergewichtig und fünfundvierzig Jahre alt bin und etwas über den Karfreitag schreiben soll, möchte ich diesen Brief schreiben – einen ehrlicheren Brief, diesmal an dich, mein himmlischer Vater, um dir zu sagen, dass ich es heute ein wenig besser verstehe. Weißt du, inzwischen habe ich selbst Kinder, sodass ich wenigstens einen kleinen Einblick in das Gewicht der Vaterschaft habe. Ich liebe meine vier Kinder, und es hat mir immer sehr weh getan, wenn sie mich verwirrt und vorwurfsvoll angesehen haben, weil ich aus Gründen, die sie nicht begreifen konnten, etwas Unangenehmes getan oder zugelassen habe.

Ich möchte gern in der Lage sein, meinem irdischen Vater zu vergeben und mit der Erinnerung an ihn Frieden zu schließen. Bitte erlaube mir, dir für die Schmerzen jener Tage in Bristol zu vergeben. Ich weiß, dass es dir nichts ausmacht, obwohl du ja eigentlich nichts Falsches getan hast.

Ich möchte nur jetzt die Wahrheit sagen. Die Menge rief „KREUZIGE IHN!", und du musstest es geschehen lassen.

Danke, dass du es geschehen ließest.

Herzlichst,
Dein Adrian

Beten Sie mit mir

Vater,

Tue ich dir weh mit meiner Furcht?

Verletze ich dich mit meinem verzweifelten Schreien?

Seufzt du und schüttelst den Kopf, wenn ich etwas nicht verstehen kann?

Sehnst du dich danach, es besser zu machen?

Denkst du ernsthaft darüber nach, deine Grundsätze fahren zu lassen?

Schläfst du jemals?

Liegst du jemals wach und denkst an mich?

Rollt dein Schmerz wie Donner durch die Schöpfung?

Ist es wirklich vollbracht?

Papa, wird dann nicht alles gut sein, wenn es so weit ist? Amen.

Karsamstag
Wenn der Morgen kommt

Josef aus Arimathäa war ein Jünger Jesu, aber aus Furcht vor den Juden nur heimlich. Er bat Pilatus, den Leichnam Jesu abnehmen zu dürfen, und Pilatus erlaubte es. Also kam er und nahm den Leichnam ab. Es kam auch Nikodemus, der früher einmal Jesus bei Nacht aufgesucht hatte. Er brachte eine Mischung aus Myrrhe und Aloe, etwa hundert Pfund. Sie nahmen den Leichnam Jesu und umwickelten ihn mit Leinenbinden, zusammen mit den wohlriechenden Salben, wie es beim jüdischen Begräbnis Sitte ist. An dem Ort, wo man ihn gekreuzigt hatte, war ein Garten, und in dem Garten war ein neues Grab, in dem noch niemand bestattet worden war. Wegen des Rüsttages der Juden und weil das Grab in der Nähe lag, setzten sie Jesus dort bei.

Johannes 19,38-42

Hier kommt ein Szenario, das vielen von uns vertraut ist.

Sie wachen plötzlich mitten in der Nacht auf, sei es wegen eines Albtraums oder wegen seltsamer, undefinierbarer Geräusche aus der finsteren Tiefe des Hauses, und Sie wissen ohne jede Frage, dass allenfalls eine Bedrohung des Lebens Ihrer Familie Sie dazu bringen könnte, aus dem Bett aufzustehen und sich den Gefahren des Unbekannten auszusetzen. Starr vor Spannung, mit hervortretenden Augen und gespitzten Ohren, liegen Sie da und warten darauf, dass der Schlaf die Furcht überdeckt.

Am Morgen strömt Licht durch Ihr Schlafzimmerfenster herein, warme, vertraute Geräusche von gedankenlos zwitschernden Vögeln und Hunden, die Briefträger auffressen wollen, dringen von der Außenwelt ein, und plötzlich erscheint das Grauen der vergangenen Nacht absolut lächerlich. Sie sind sicher, wenn das

Gleiche je wieder geschehen sollte, werden Sie sofort beim Erwachen aus dem Bett springen und das jämmerliche Unbekannte mit trotziger Gleichgültigkeit in Angriff nehmen. Wie töricht Sie doch waren, sich so leicht von Furcht übermannen zu lassen.

Natürlich ist das alles Blödsinn, denn wenn Sie das nächste Mal mitten in der Nacht erwachen, sind Sie wieder genauso ängstlich und geben der Furcht genauso leicht nach. Zumindest bei mir ist es so.

Darum kann ich mich so leicht mit diesen beiden Männern, Josef und Nikodemus, identifizieren. Beide hatten sich, statt sich auf öffentliche Stellungnahmen einzulassen, unter der Bettdecke verkrochen, solange Jesus am Leben war, und nun, vermute ich, hatten sie etwa das Stadium erreicht, in dem sie sich fragten: „Wie konnten wir nur so töricht sein, uns so leicht von Furcht übermannen zu lassen?" Vielleicht lief etwa folgendes Gespräch zwischen den beiden ab, als sich die Beerdigung ihrem Ende näherte:

J: Ich weiß nicht, warum ich mich nicht einfach zu ihm bekannt habe, solange er noch am Leben war. Wenn die ganze Sache jetzt von vorne anfinge, was natürlich nicht geschehen kann (*beide schütteln traurig den Kopf*), dann stünde ich sofort an seiner Seite. Wäre mir egal, wer davon wusste – würde mich nicht im Geringsten beunruhigen.

N: Sie könnten *mich* auspeitschen, wenn sie wollten – kein Problem.

J: Mich auch. Es wäre mir geradezu willkommen. Sollen sie doch sehen, ob sie mich kleinkriegen. „Los doch, schwingt die Peitsche!" Das würde ich sagen.

N: Treten, schlagen, ja selbst die Kreuzigung – ins Gesicht lachen würde ich ihnen. „Ha, ha, ha!", würde ich rufen.

185

J: Das würde sie fertigmachen!

N: Das würde ihnen eine Lehre sein!

J: Ich sag dir was.

N: Was?

J: Du wirst mich für albern halten.

N: Nein, sag schon.

J: Ich wünschte fast – lach nicht –, ich wünschte fast, er würde wieder lebendig, damit wir ihm in den Tod folgen könnten. In aller Öffentlichkeit. Das nächste Mal würden wir es richtig machen, oder?

N: Das würden wir! Das *würden* wir! Aber jetzt ist es zu spät. Man kann die Uhr nicht zurückdrehen, nicht wahr?

J: Nein! Nun ja, sehen wir uns am Sonntag?

N: Ja – bis Sonntag ...

Ich weiß nicht, wie diese beiden mit dem erneuten Erscheinen Jesu fertig wurden, aber ich weiß, dass menschliche Wesen sich nicht sehr verändern, und darum musste der Heilige Geist kommen. Als der Geist Gottes in ihr Leben eintrat, hatten Josef und Nikodemus Zugang zu einer Kraft, die stärker war als ihre Ängste und Schwächen. Es kann nicht oft genug betont werden, dass Jesus fortgehen wollte, damit der Geist kommen konnte. Derselbe Geist ist heute bei uns, und nur sein Eingreifen in unser Leben wird uns fähig machen, uns über die Gewohnheiten der Furcht und des Versagens zu erheben. Leicht wird es niemals sein, aber es wird *möglich* sein, und das allein, das kann ich Ihnen versichern, ist ein Wunder.

Beten Sie mit mir

Vater, je länger ich lebe, desto mehr begreife ich, dass kein menschlicher Optimismus, keine menschliche Anstrengung auch nur annähernd die Kraft ersetzen kann, die der Heilige Geist in unser Leben bringt. Erfülle uns mit der übernatürlichen Gnade, die einen Mann wie Petrus, der die falschen Dinge sagte und tat, an Pfingsten in ein kühnes und wirksames Sprachrohr für Gott verwandelte. Wenn der Geist kommt, finden schwache Leute erstaunliche Stärke; großmäulige Leute werden still; furchtsame Leute werden kühn; unsichere Leute finden Gewissheit, und ängstliche Leute tun tapfere Dinge, selbst wenn es dunkel ist.

Wir brauchen dich, Heiliger Geist. Wir rufen nach dir, zu uns zu kommen. Komm und fülle uns jetzt, wenn wir dich anrufen. Amen.

Ostersonntag
Alles in Ordnung

Am ersten Tag der Woche kam Maria von Magdala frühmorgens, als es noch dunkel war, zum Grab und sah, dass der Stein vom Grab weggenommen war.

Am Abend dieses ersten Tages der Woche, als die Jünger aus Furcht vor den Juden die Türen verschlossen hatten, kam Jesus, trat in ihre Mitte und sagte zu ihnen: Friede sei mit euch!

Johannes 20,1 und 19

Englisch war mein bestes Fach in der Schule und Mathematik mein schlechtestes. Wie Linus bin ich unfähig, den Leuten zu sagen, dass ich auf meinen eigenen zwei Füßen stehen kann, ohne sie zuvor nachzuzählen, um mich zu vergewissern. Das ist vielleicht ein wenig übertrieben, aber es ist wahr, dass mein Gehirn schlicht den Dienst verweigerte, sobald man ihm Probleme vorsetzte, die mit quadratischen Gleichungen zu tun hatten, und von dort aus bin ich nie einen Schritt weitergekommen.

Kürzlich jedoch habe ich etwas über eine sogenannte „Chaos-Theorie" gelesen, und da es in ein populärwissenschaftliches Taschenbuch verpackt war, gelang es mir, etwa ein Zehntel von dem, was ich da las, zu verstehen. Mathematiker, die auf diesem Gebiet arbeiten, behaupten, sich mehr als traditionell üblich um Dinge zu kümmern, die in der wirklichen Welt existieren (anders als manche Theologen).

Die Chaos-Theorie besagt unter anderem, dass einfache Systeme ein komplexes Verhalten an den Tag legen können. Es mag zum Beispiel möglich erscheinen, genau vorauszuberechnen, wo eine Billardkugel ankommen wird, nachdem sie eine Stunde lang oder so (wenn das zu bewerkstelligen wäre) auf dem Tisch hin und her geschossen ist, indem man einfach die Winkel und Entfernungen berechnet. Theoretisch ist das möglich, doch in Wirklichkeit wird es nicht lange dauern, bis winzige Unregelmäßigkeiten in der Kugel und Unebenheiten auf der Oberfläche des Tisches diese sorgfältigen Berechnungen ins Wanken bringen. Das (scheinbar) einfache System einer Billardkugel auf einem Tisch zeigt ein unberechenbares Verhalten.

Vielleicht hat die Menschheit diese ureigene Unberechenbarkeit des Lebens schon immer gespürt und gefürchtet. Gesellschaftssysteme mögen einfach erscheinen, aber sie sind es niemals. Nichts ist einfach. Die wilde Willkürlichkeit des Daseins auf diesem Planeten ist eine der tiefsten Ängste der Menschheit ohne Gott. Rituale, Romane, das Theater, Philosophien, Gesetze, Religionen und Märchen, die damit enden, dass alle glücklich leben für alle Zeit, sind allesamt Strategien, die wir entworfen haben, um uns selbst davon zu überzeugen, dass einfache, berechenbare Lebensmuster möglich seien. Zwei große Kriege in diesem Jahrhundert sollten uns davon überzeugen, dass wir uns nur etwas vormachen. Wir wissen, dass wir den unberechenbaren Strömungen des Lebens ausgeliefert sind.

Aber all dieses Streben nach Sinn und Bedeutung ist, glaube ich, auch die instinktive Reaktion einer Rasse, die ursprünglich nach dem Bilde Gottes erschaffen wurde. Wir wissen in der Tiefe unserer Herzen, dass das Leben nicht willkürlich sein sollte – dass die Welt eigentlich schon immer einen Sinn ergeben sollte und dass irgendetwas vollkommen schiefgegangen ist.

Es hat mich früher manchmal ein wenig irritiert, wie Jesus scheinbar sklavisch bestimmte Dinge tat oder sagte, nur damit gewisse Prophezeiungen sich als erfüllt erweisen sollten, aber heute verstehe ich, dass es nötig ist, dass die Logik oder das Muster des Lebens Gottes in der Geschichte sichtbar wird und Männer und Frauen dazu ermutigt, zu glauben, dass sich das Schicksal beherrschen lässt.

An jenem dunklen Sonntagmorgen hätte Maria niemals erraten können, was für eine kosmische Bedeutung dieses leere Grab hatte. Als Jesus von den Toten auferstand, wurden die uralten Motoren der Ordnung noch einmal angefeuert, und in seinem irdischen Leib wurde das Chaos besiegt.

Und was für ein wunderbarer Moment für Jesus und seine Jünger. Weder Riegel noch Ängste konnten dem Frieden und der Geborgenheit widerstehen, die der auferstandene Retter seinen Leuten brachte und heute noch bringt. Es ist der Friede, zu wissen, dass wir tatsächlich, wie schwer der Weg auch manchmal sein muss (und das ist er oft), im allerwirklichsten Sinne glücklich leben werden für alle Zeit – und darüber hinaus.

Beten Sie ein letztes Mal mit mir

Es gibt Zeiten, Vater, in denen der scheinbare Mangel an Ordnung in dieser Welt uns in Panik versetzt. Wir fühlen uns wie die Überlebenden einer riesigen, Titanic-ähnlichen Katastrophe, die allein oder zusammen mit ein paar anderen verwirrten Ex-Passagieren auf kleinen Flößen umhertreiben. Heute wollen wir die Tatsache feiern, dass du die Schöpfung und uns fest im Griff hast. Wir preisen dich für das Geschenk deines Sohnes Jesus, der die Herrschaft der Liebe in dieser heruntergekommenen Welt wieder aufgerichtet und uns versichert hat, dass er immer bei uns sein wird. Wir heben unsere sorgenvollen Augen zu dir auf, Vater, und lächeln voll Dankbarkeit dafür, dass du regierst. Wir geben dir unsere Ängste und vertrauen sie dir an. Danke, dass du eine Zukunft organisierst, die einen Sinn ergibt. Danke, dass du begonnen hast, die Fesseln zu sprengen. Amen.

Von heiligen Kühen und blinden Flecken...

Adrian Plass
Kampf der Welten
Gebunden, 208 Seiten
ISBN 978-3-86506-407-3

Adrian Plass über den Kampf
zwischen aufgesetzter Frömmigkeit
und echter Freundschaft mit Gott.
Plass, wie man ihn kennt und liebt!

Brendow
Verlag | Alles, was Sinn macht!

Christsein ungeschminkt und lebensnah

Adrian Plass & Jeff Lucas
Jetzt mal ehrlich ...
Gebunden, 208 Seiten
ISBN 978-3-86506-465-3

Ein Briefwechsel, der dem Leser einen tiefen Einblick in das Leben und Denken zweier frommer Chaoten gibt. Ehrlich und aufrichtig, tiefgehend und nie ohne humoristischen Unterton.

Brendow.
Verlag | Alles, was Sinn macht!